AKAL BÁSICA DE BOLSILLO **322**

Serie Clásicos de la literatura alemana

Director de la colección
Emilio J. González García

Diseño interior y cubierta: RAG

1.ª edición, 2016
1.ª reimpresión, 2017
2.ª reimpresión, 2018
3.ª reimpresión, 2021
4.ª reimpresión, 2023

Título original
Briefe an einen jungen Dichter. Duineser Elegien

Sector Foresta, 1
28760 Tres Cantos
Madrid - España
Tel.: 918 061 996
Fax: 918 044 028
www.akal.com

ISBN: 978-84-460-4110-8
Depósito legal: M-8.995-2016

Impreso en España

Rainer Maria Rilke

Cartas a un joven poeta
Elegías de Duino

Traducción de

Emilio José González García

La casualidad y la fortuna llevaron a Emilio J. González García, en el lejano 1992, a comenzar Filología alemana en la Universidad de Extremadura. Un año de estudios en Marburgo y la conclusión de la carrera, esta vez en Salamanca, le hicieron notar hasta qué punto las diferencias y las semejanzas entre ambas culturas van mucho más allá de los idiomas. Desde entonces se ha dedicado básicamente a intentar comprenderlas, tanto en sus años de docencia en la Universidad Duisburg-Essen como en su posterior etapa de traductor. Ahora, con más de 25 libros traducidos, sigue tendiendo puentes y preocupándose por apuntalarlos y cimentarlos para que el tránsito sea lo más cómodo y sencillo posible.

akal

ARGENTINA / ESPAÑA / MÉXICO

Introducción

Existen libros que pueden cambiar vidas. A veces bastan incluso unas pocas cartas, unas palabras apenas. Este es el caso de Frank Xaver Kappus, receptor de las diez cartas que nos ocupan. Cuando las publicó en 1929, escribió a modo de introducción que el capellán de la academia militar donde estudiaba lo sorprendió leyendo un libro de poemas de Rainer Maria Rilke (1875-1926) y averiguó así que el poeta había sido cadete en la Academia Militar Elemental de Sankt Pölten, donde coincidió con dicho capellán. Animado por esta coincidencia se atrevió a enviarle algunos de sus versos acompañados de una nota, iniciándose así este intercambio epistolar en el que se confió al poeta con una sinceridad y una franqueza que nunca, ni antes ni después, volvería a tener con nadie.

En efecto, Rilke comenzó sus estudios en aquella institución, aunque acabó abandonando la vida militar debido a la debilidad de su salud y a la falta de afinidad con ese tipo de vida. Su paso por la Academia de Comercio de Linz tampoco fue mejor, así que, tras un periodo de formación privada, comenzó a estudiar literatura, arte y filosofía en Praga, decantándose más tarde por la facultad de Derecho. Al final también la universidad le decepcionó y se mudó a Múnich a dedicarse exclusivamente a la literatura.

Cuando comenzó el intercambio epistolar, Rilke ya había publicado en el periódico *Wegwarten* y varios volúmenes de poesía, de entre los que destacan *La canción de amor y muerte del alférez Christoph Rilke,* el *Homenaje a mí* y, sobre todo, *El libro de horas,* una joya del Modernismo. En ellas ya se pueden percibir algunos de los rasgos característicos de su universo, como la importancia de la naturaleza, del desarrollo interior del ser humano y la búsqueda de nuevos caminos desde el yo. Nietzsche y Schopenhauer también habían dejado ya su impronta y se adivinaba su alejamiento del cristianismo victimista concentrado en el más allá.

Este es el Rilke que llega a París en 1902 para comenzar una monografía sobre Auguste Rodin. Desde esta ciudad escribió su primera respuesta a Kappus, quien decidió no incluir sus propias misivas cuando publicó las *Cartas,* tal vez por considerarlo innecesario, por reparo o por el exceso de sinceridad que en ellas manifestó. En cualquier caso esta ausencia apenas afecta a la comprensión del mensaje, provocando incluso que la identificación con el receptor del mismo sea mayor. Así las cartas dejan de ser respuestas a las dudas del joven Kappus y se convierten en consejos a cualquier joven con inquietudes artísticas.

No nos encontramos ante un libro de estilo, ni siquiera es una poética, sino más bien una invitación a recorrer un camino, a señalar los pasos hacia un estilo propio a través de una evolución también propia y alejada de convenciones y que el poeta está experimentando durante esos años. Algún efecto debieron ejercer sobre el joven Kappus, pues acabaría complementando su carrera militar con la de periodista, llegando a publicar además varias novelas.

Rilke, por su parte, finalizó en estos años el estudio sobre *Rodin, Los cuadernos de Malte Laurids Brigge* y *Los nuevos poemas,* entre otros. Continuó además con su intensa actividad epistolar, consecuencia en gran medida de sus frecuentes cambios de residencia, que lo llevaron a lo largo de su vida por prácticamente todos los países de Europa, incluida una estancia de varios meses en España, donde se detuvo en Toledo, Córdoba, Sevilla y Ronda.

La llegada al castillo de Duino en 1912, en las cercanías de Trieste, por invitación de la princesa Marie von Thurn und Taxis-Hohenlohe supuso el comienzo de las *Elegías.* La publicación de los *Cuadernos* había iniciado una profunda crisis personal y artística que se prolongaría durante varios años. Fruto de esa desesperación nació durante un paseo por la costa el primer verso de la primera elegía, que el poeta apuntó consciente de que podría suponer el inicio de algo grande. Las *Elegías,* sin embargo, no alcanzaron su última perfección y publicación hasta diez años más tarde, debido tanto a factores personales como externos. La Primera Guerra Mundial y la amenaza de verse obligado a participar en ella como militar supuso una grave dificultad para la consecución de estos poemas, de la que solo pudo librarse gracias a las influencias de sus numerosos mecenas y amigos. En 1922, ya instalado en Suiza, completaría las *Elegías,* además de los *Sonetos a Orfeo,* las dos cumbres de la obra poética de Rilke.

A pesar de la variedad temática de las *Elegías,* el ser humano siempre supone un elemento destacado, tanto su vertiente física como metafísica. El sentido de la existencia, del dolor y la soledad, de los ángeles como personificación de lo inexplicable, del deseo de eternidad, del amor y la muerte son algunos de los elementos más destacados. No obstante, el auténtico valor de las elegías reside en el sedimento que van dejando las sucesivas lecturas y que escapa a una mera paráfrasis. Un primer recorrido puede provocar cierta admiración perpleja, la sensación de que algo importante ha sucedido. Es la reflexión posterior, la relectura, lo que despliega la obra y la convierten en indispensable, en un tesoro para la interpretación de infinidad de capas y direcciones. Así que, como decía Xaver Kappus al final de su introducción a las *Cartas,* «cuando habla alguien que es grande y único, han de callar los pequeños».

Emilio José González García

Cartas a un joven poeta

París, 17 de febrero de 1903

Estimado señor:

Recibí su carta hace apenas un par de días. Me gustaría agradecerle su gran confianza y cariño. Casi no me veo capaz. No puedo juzgar el estilo de sus versos, ya que cualquier propósito crítico me es demasiado ajeno. Los términos críticos son los menos indicados para penetrar en un trabajo artístico: siempre provocan malentendidos más o menos afortunados. A diferencia de lo que a menudo se nos quiere hacer creer, no todas las cosas pueden decirse o palparse; la mayoría de los acontecimientos son inefables, desarrollándose en espacios en los que nunca ha penetrado palabra alguna, y los más inefables de todos son los trabajos artísticos, misteriosas existencias cuya vida permanece junto a la nuestra, que se extingue.

Enviándole este anticipo solo me permitiré decirle que sus versos carecen de un estilo propio, pero sí poseen un poso personal callado y oculto. En el último poema, «Mi alma» es donde lo sentí con mayor claridad. Hay algo propio que intenta expresarse en palabras. Y en la hermosa poesía «A Leopardi» quizá desarrolle cierto parentesco con ese hombre grande y solitario. No obstante, los poemas aún no son nada en sí mismos, nada independiente, ni siquiera el último y el dedicado a Leopardi. La amable carta que los acompañaba no se equivocaba al explicarme algunos defectos que noté al leer sus versos sin ser capaz de expresarlos en palabras.

Preguntáis si vuestros versos son buenos. Me lo preguntáis. Antes se lo habéis preguntado a otros. Los enviáis a revistas. Los comparáis con otros poemas y os intranquilizáis cuando alguna redacción rechaza vuestros proyectos. Yo, puesto que me habéis permitido aconsejaros, os pediría que abandonaseis esa actitud. Miráis hacia afuera y eso es lo último que debéis hacer ahora. Nadie puede aconsejaros o ayudaros, nadie. Solo hay un medio. Adentraos en vos mismo. Investigad la razón que os lleva a escribir; comprobad si extiende sus raíces en lo más profundo de vuestro corazón, reconoced si moriríais si os prohibieran escribir. Y sobre todo, preguntaos en la hora más silenciosa de vuestra noche: *¿debo escribir?* Excavad en vos buscando una respuesta profunda. Y si fuera afirmativa, si os enfrentaseis a esta pregunta crucial con un simple y poderoso *«sí, debo»*, entonces organizad vuestra vida siguiendo esta necesidad; vuestra vida, incluso sus horas más anodinas e insignificantes, ha de ser una muestra y un símbolo de esta necesidad. Después acercaos a la naturaleza. Luego intentad ser el primer ser humano en decir lo que ve y experimenta y ama y pierde. No escribáis poemas de amor; evitad al principio las formas demasiado comunes y habituales: son las más difíciles, ya que es necesario contar con una gran fuerza y madurez para ofrecer algo propio allí donde se cuenta con una tradición amplia y de calidad, además de con numerosos ejemplos brillantes. Así os liberaréis de los motivos comunes y podréis decantaros por aquellos que constituyen vuestro propio día a día; describid vuestras tristezas y deseos, los pensamientos pasajeros y la creencia en alguna belleza. Describidlo todo con franqueza íntima, tranquila y humilde y emplead para describirla las cosas de vuestro entorno, las imágenes de vuestros sueños y los objetos de vuestros recuerdos. Si vuestra vida diaria os parece pobre, no le echéis la culpa; culpaos a vos, decíos que no sois lo suficientemente poeta como para invocar sus riquezas, ya que para el creador no existe la pobreza ni ningún lugar pobre o indiferente. Y si os encontrarais en una prisión cuyas paredes no os permitieran percibir ninguno de los sonidos del mundo, ¿acaso no tendríais aún vuestra infancia, las deliciosas riquezas dignas de un rey que descansan en la cámara del tesoro de la memoria? Dirigid allí vuestra atención. Intentad sacar a la luz las sensaciones sumergidas en ese pasado tan amplio; vuestra personalidad se verá reforzada, vuestra soledad se ampliará y se convertirá en una vivienda en penumbras ante la que no se detiene el lejano ruido de los otros. Y cuando surjan versos a partir de este giro hacia el interior, de esta profundización en el propio mundo, entonces no se os ocurrirá preguntarle a nadie si son buenos versos. Tampoco intentaréis conseguir que las revistas se interesen por estos trabajos, pues veréis en ellos una posesión querida y natural, una parte y una voz de vuestra propia vida. Una obra de arte es buena si surgió de la necesidad. En la forma en la que se originó se haya su valoración, no hay otro juicio. Por eso, estimado señor, no sabría daros otro consejo que no fuera este: adentraos en vos mismo e inspeccionad las profundidades de donde surge la vida; en su manantial encontraréis la respuesta a la pregunta de si *tenéis que* crear. Tomadla tal y como suena, sin interpretaciones. Quizá resulte que estáis llamado a ser artista. Entonces aceptad vuestro destino y cargad con él, con su peso y su grandeza, sin preguntar por la recompensa que pudiera venir del exterior. El creador debe ser un mundo en sí mismo y tiene que poder encontrar todo en él y en la naturaleza a la que se ha unido.

Sin embargo, quizá resulte que tras este descenso al interior y a la propia soledad tengáis que renunciar a ser poeta (como ya he dicho, basta sentir que uno puede vivir sin escribir para perder el derecho a serlo). Pero incluso en este caso la introspección que os pido no habrá sido en vano. Vuestra vida encontrará, a buen seguro, sus propios caminos y os deseo de todo corazón que sean buenos, ricos y amplios.

¿Qué más os puedo decir? Me parece haber destacado todo como corresponde. Para terminar querría aconsejaros ir creciendo de manera tranquila y sincera siguiendo vuestra propia evolución; la manera más probable de dificultar vuestra evolución es mirar al exterior y esperar del exterior respuestas a preguntas que tal vez solo pueda responder vuestro más íntimo sentimiento en su momento de mayor silencio.

Me ha supuesto una gran alegría encontrar en su misiva el nombre del profesor Horaček; conservo por este adorable erudito una gran veneración y un agradecimiento que perdura con el paso de los años. Por favor, transmitidle mis sentimientos; es muy amable por su parte que aún me recuerde y lo valoro como corresponde.

Los versos que amablemente me encomendasteis os los devuelvo. Y os agradezco de nuevo la grandeza y el cariño de vuestra confianza. Con esta respuesta honesta que os he dado lo mejor que he sabido he intentado hacerme un poco más digno de dicha confianza de lo que, como extraño, realmente soy.

Reciba todo mi afecto y simpatía.

Rainer Maria Rilke

Viareggio, cerca de Pisa (Italia), 5 de abril de 1903

Tendréis que disculparme, estimado señor, que hasta hoy no responda agradecido vuestra carta del 24 de febrero: he estado sufriendo todo el tiempo; no estaba exactamente enfermo, pero sí aquejado de un agotamiento parecido a la gripe que me ha incapacitado para hacer nada. Y al final, al ver que no mejoraba, vine aquí a este mar meridional cuyos efectos benéficos ya me han ayudado en otras ocasiones. No obstante, aún no estoy curado, me cuesta escribir, así que tendréis que valorar estas pocas líneas como si fueran más.

Sabed que me alegraréis con cada una de vuestras cartas y que solo debéis mostraos indulgente con las respuestas, ya que es posible que a menudo os dejen con las manos vacías. Y es que por lo general, y en especial en los asuntos más profundos e importantes, nos encontramos completamente solos, y para que otro nos pueda aconsejar o incluso ayudar tienen que suceder muchas cosas, tiene que lograrse mucho, debe concurrir toda una constelación de elementos para que tener fortuna una única vez.

Hoy solo querría comentaros dos temas: ironía.

No os dejéis dominar por ella, en especial en los momentos en los que no estáis creando. En los periodos de creación procurad servíos de ella como un medio más de comprender la vida. Si se emplea de manera pura, también supone algo puro y de lo que no es necesario avergonzarse; y si os sintieseis demasiado familiarizado con ella, si temieseis una excesiva confianza, empleadla en objetos grandes y serios, ante los cuales se sentirá pequeña e indefensa. Buscad lo profundo de las cosas: la ironía nunca desciende allí. Y cuando os acerquéis a las inmediaciones de la grandeza comprobad si esta forma de expresión surge de la necesidad de vuestro ser, pues bajo la influencia de las cosas serias acabará siendo desechada (si se trata de algo accesorio) o (si realmente se trata de algo innato) se verá fortalecida y se convertirá en una herramienta rigurosa y pasará a formar parte de la serie de medios con los que debéis construir vuestro arte.

Y lo segundo que quería tratar hoy es lo siguiente:

De todos mis libros, solo unos pocos me son indispensables e incluso hay dos que siempre se encuentran entre mis pertenencias allá donde estoy. También los tengo aquí a mi lado: la Biblia y las obras del gran poeta danés Jens Peter Jacobsen. Me pregunto si conocéis su obra. Os resultará sencillo haceros con ella, ya que una parte de la misma ha aparecido muy bien traducida en la colección Biblioteca Universal de la editorial Reclam. Adquirid el pequeño volumen *Seis relatos* de J. P. Jacobsen y su novela *Niels Lyhne* y comenzad con el relato que comienza el primer volumen, titulado *Mogens*. Se abrirá ante vos un mundo, la fortuna, la riqueza, la indescriptible grandeza de todo un mundo. Vivid algún tiempo en estos libros, aprended de ellos lo que os resulte digno de ser aprendido, pero sobre todo amadlos. Este amor os será devuelto miles y miles de veces y sea cual sea el sendero que tome vuestra vida, estoy seguro de que en el tapiz de vuestra existencia será uno de los hilos más importantes entre todos los hilos de vuestras experiencias, decepciones y alegrías.

Si tuviera que decir de quién he aprendido algo sobre la esencia de la creación, sobre su profundidad y eternidad, solo puedo mencionar dos nombres: el de Jacobsen, ese gran, gran poeta, y el de Auguste Rodin, el escultor, que no tiene igual entre todos los artistas vivos en la actualidad.

¡Os deseo mucho éxito en vuestro camino!

Afectuosamente,

Rainer Maria Rilke

Viareggio, cerca de Pisa (Italia), 23 de abril de 1903

Querido señor, con vuestra carta de Semana Santa me habéis producido una gran alegría, ya que decía muchas cosas buenas de vos, y la forma en la que escribíais sobre el grandioso y adorable arte de Jacobsen me demostró que no me había equivocado cuando conduje vuestra vida y sus numerosas cuestiones hacia este tesoro.

Ahora se abrirá ante vos *Niels Lyhne,* un libro extraordinario y profundo; cuanto más lo leo, más me parece que en él se encuentra todo, desde los aromas más ligeros de la vida hasta los sabores más intensos y plenos de los mayores frutos. En él no hay nada que antes no hubiese sido comprendido, considerado, experimentado y reconocido como una vibrante resonancia del recuerdo. Ninguna experiencia era demasiado pequeña y del más minúsculo acontecimiento se despliega un destino y el destino mismo es como un tejido amplio y maravilloso en el que cada hilo ha sido introducido con una mano infinitamente tierna y colocado junto a otro de manera que sea sostenido y soportado por otros cientos. Experimentaréis la gran fortuna de leer este libro por vez primera y transitaréis por sus innumerables sorpresas como por un sueño nuevo. Pero puedo deciros que caminar estos libros también produce el mismo asombro más tarde y que no pierden un ápice de su maravilloso poder y que la fantasía de cuento con la que conmueven al lector por vez primera no se desvanece. Uno siempre vuelve a ellos disfrutando más, cada vez más agradecido, viendo las cosas en cierto modo de una manera mejor y más sencilla, creyendo de forma más íntima en la vida y viviendo de un modo más grande y feliz.

Y más tarde habréis de leer el maravilloso libro sobre el destino y los anhelos de Marie Grubbe y las cartas y el diario y los fragmentos de Jacobsen y finalmente sus versos, que (a pesar de que solo han sido traducidos de manera mediocre) viven con eterna brillantez. (Además os recomendaría que compréis cuando tengáis ocasión la hermosa edición de las *Obras completas* de Jacobsen que contienen todo esto. Apareció en tres volúmenes y ha sido bien traducida en la editorial Eugen Diederichs de Leipzig y cuesta, creo, solo cinco o seis marcos por volumen.)

Con su comentario sobre «Aquí debería haber rosas...» (esa obra de inolvidable finura y forma) tiene, por supuesto, toda, toda la razón, en contra de quien ha escrito la introducción. Y aprovecho para formularos una petición: leed en la medida de lo posible pocos textos estético-críticos: se trata bien de opiniones partidistas, fosilizadas y que han ido perdiendo sentido en un anquilosamiento sin vida, o bien de hábiles juegos de palabras con el que hoy se demuestra un punto de vista y mañana el opuesto. Las obras artísticas son de una soledad interminable y la forma menos adecuada de abarcarlas es la crítica. Solo el amor puede abrazarlas y conservarlas y ofrecer una contraprestación justa. Sed justo con vos y vuestros sentimientos siempre que os encontréis ante confrontaciones, conversaciones o introducciones de este tipo; si estuvieseis equivocado, el crecimiento natural de vuestra vida interior os llevará poco a poco y con el tiempo a otras conclusiones. Permitid que vuestros juicios tengan el desarrollo propio, tranquilo y en paz, ese que, como todo progreso, ha de provenir de lo más profundo del yo sin que nada lo obligue o apremie. *Todo* ha de gestarse antes de nacer. Cada impresión y cada embrión de un sentimiento se está completando en sí mismo, en la oscuridad, en lo inefable, lo inconsciente, en aquel lugar inalcanzable por la propia razón, y espera con sentida humildad y paciencia la hora del alumbramiento de una nueva claridad: esto y solo esto es vivir de manera artística, tanto durante la comprensión como durante la creación.

Aquí no se mide el tiempo, los años no valen, y diez años no son nada. Ser artista significa nada de cálculos o cuentas; madurar como el árbol que no apremia su savia y que se alza confiado durante las tormentas de primavera sin temer que después pudiese no llegar el verano. El verano acaba viniendo, pero solo viene para los pacientes, para aquellos que permanecen como si se enfrentasen a la eternidad, sin ninguna preocupación ante su callada inmensidad. Yo lo aprendo cada día, lo aprendo de manera dolorosa, pero dando gracias por esos dolores: ¡la *paciencia* lo es todo!

Richard Dehmel: con sus libros (y dicho sea de paso, también con la persona, a la que conozco de pasada) me sucede que cuando he encontrado alguna página suya hermosa siento el temor de que la próxima lo destruirá todo de nuevo y hará que todo lo adorable se vuelva indigno. Lo habéis caracterizado muy acertadamente con la descripción «vivir y escribir poesía en estado de celo». Y efectivamente la experiencia artística se encuentra tan increíblemente cerca de la sexual, de sus sufrimientos de deseos, que ambas manifestaciones se tratan en realidad de distintas formas de un mismo deseo y una misma felicidad. Y si en lugar de «en celo» pudiera hablar de «sexo», sexo en el sentido amplio, grande, puro y sin ningún equívoco eclesiástico, entonces su arte sería grande y de infinita importancia. Su fuerza poética es grande y potente como un impulso primitivo, posee ritmos propios y sin ningún miramiento y surge de él como si brotara de entre montañas.

Pero parece que esta fuerza no siempre es del todo honesta y sin afectación. (Sin embargo, esta es precisamente una de las pruebas más difíciles para los creadores; no debe conocer ni ser consciente de sus mejores virtudes si no quiere arrebatarles su naturalidad y su pureza.) Y entonces, cuando surge de su ser con furia y llega a la sexualidad, no encuentra un ser humano tan puro como sería necesario. Allí no hay un mundo sexual maduro y puro, hay uno que no es suficientemente humano, sino solo masculino, en celo, embriagado y sin calma y cargado de todos los viejos prejuicios y arrogancias con los que el hombre ha cargado y deformado el amor. Como solo ama como hombre y no como ser humano, hay en su concepción del sexo algo estrecho, claramente salvaje, hostil, temporal y perecedero que empequeñece su arte y lo vuelve dudoso y poco claro. No le faltan defectos, está marcado por su época y por sus pasiones y hay poco de su obra que perdurará y persistirá. (Aunque la mayor parte del arte sea así.) No obstante, uno puede alegrarse profundamente por aquello que tiene de grande, aunque sin perderse y convertirse en un partidario de ese mundo dehmélico que tan triste es, lleno de rupturas matrimoniales y confusión y lejos de los auténticos destinos que llevan a sufrir más que estas preocupaciones temporales, pero que también proporcionan más ocasiones para ser grande y más valor para alcanzar la inmortalidad.

Por último, en lo referente a mis libros me gustaría enviarle todos aquellos que pudieran alegrarle de alguna manera. Pero soy muy pobre y mis obras, una vez son publicadas, dejan de pertenecerme. Ni siquiera puedo venderlas yo mismo o, como me gustaría hacer a menudo, regalárselas a aquellos que les han profesado cariño.

Por este motivo os escribo en una página los títulos (y editoriales) de mis volúmenes más recientes (los últimos, en total habré publicado 12 o 13), dejando a su criterio, estimado señor, encargar alguno de ellos si tenéis ocasiones.

Me alegra saber que mis libros estarán en su casa.

¡Hasta siempre!

Afectuosamente,

Rainer Maria Rilke

Temporalmente en Worpswede, cerca de Bremen (Alemania), 16 de julio de 1903

Dejé París hace unos diez días, muy cansado y dolorido, y me he desplazado a una amplia llanura del norte que se supone que me hará recobrar la salud con sus espacios abiertos, su tranquilidad y su cielo. Pero llegué bajo una larga lluvia que parece empezar a aflojar un poco hoy en esta tierra de agitados vientos; y aprovecho estos primeros instantes de claridad para saludaros, estimado señor.

Querido señor Kappus: he dejado sin responder durante mucho tiempo una carta vuestra y no porque os haya olvidado. Todo lo contrario: era una de esas cartas que se vuelven a leer cuando uno se la encuentra entre otras y en ella os sentía muy cercano. Se trata de la misiva del 2 de mayo, y estoy seguro de que la recordaréis. Cuando la leo en el silencio de la distancia, como hago ahora, me conmueve vuestra afectuosa preocupación por la vida más aún que cuando la recibí en París, donde el sonido de todo es distinto, desvaneciéndose después debido al tremendo estruendo, que hace que las cosas tiemblen. Aquí, rodeado de una tierra inmensa sobre la que soplan los vientos venidos del mar, aquí siento que no hay nadie que pueda responderos a aquellas preguntas y sentimientos que poseen vida propia en su profundidad, pues incluso los mejores equivocan las palabras cuando estas deben tener el significado más sutil, casi imposible de decir. No obstante, creo que no os quedaréis sin respuesta si os concentráis en las cosas que son similares a aquellas en donde descansan ahora mis ojos. Si os concentráis en la naturaleza, en la parte más sencilla de ella, en lo pequeño que apenas se ve y que así, sin que nadie lo espere, puede convertirse en algo grande e inconmensurable; si tenéis este amor a lo pequeño y procuráis ganaros humildemente la confianza como sirviente de aquello que os parece pobre: entonces todo os resultará más sencillo, más coherente y en cierto modo más conciliador, quizá no en la razón, que seguirá asombrada, pero sí en vuestra consciencia más íntima, vuestro ser despierto y vuestro conocimiento. Sois tan joven y estáis tan al principio de todo que me gustaría pediros, en la medida de mis posibilidades, querido señor, que tengáis paciencia en todo lo que aún no ha encontrado solución en vuestro corazón y que intentéis amar a las preguntas en sí como si fueran estancias cerradas, como libros escritos en un idioma desconocido. No busquéis respuestas que no se os pueden dar porque de ser así no podríais vivirlas. Se trata de vivirlo todo. *Vivid* ahora las preguntas. Quizás, algún día lejano, conseguiréis poco a poco, sin notarlo, vivir la respuesta. Quizá tengáis ya en vos la posibilidad de crear y modelar como una forma pura y feliz de vivir; formaos con este fin, pero aceptad lo que venga con gran confianza y aunque solo surja de vuestra voluntad, de alguna necesidad de vuestro interior, aceptadlo y no lo odiéis. El sexo es complicado, sí. Pero todas nuestras obligaciones son complicadas, casi todo lo serio es complicado, y todo es serio. Si sois capaces de reconocer esto y lográis, partiendo de vuestra situación y estilo, de vuestra experiencia y niñez y fuerzas, mantener con el sexo una relación propia (sin influencias de convenciones o costumbres), entonces ya no tendréis que temer perderos y haceros indignos de vuestra posesión más querida.

El deseo físico es una experiencia sensorial que en nada se diferencia del mero contemplar o sentir, y que llena la lengua con un hermoso fruto; es una experiencia grande, interminable, que nos ha sido dada, un conocimiento del mundo, la forma más completa y brillante de toda sabiduría. Y el recibir esta sabiduría no es malo; lo malo es que casi todos abusan de esta experiencia y la desperdician y colocan como atractivo y distracción en los momentos de cansancio de su vida en lugar de verla como un conjunto de momentos culminantes. El ser humano también ha hecho del comer algo diferente: la necesidad por un lado y el exceso, por otro, han empañado la claridad de esta necesidad y también se han empañado de manera parecida todas las necesidades profundas y sencillas a través de las cuales se regenera la vida. Pero el individuo puede desempañarlas y vivir de manera clara (y si no es el individuo, que es demasiado dependiente, entonces podrá hacerlo el ser solitario). Él puede recordar que toda belleza en los animales y plantas supone una forma de amor y pasión tranquila y duradera y él puede ver al animal, al igual que ve a la planta, uniéndose con paciencia y voluntad, reproduciéndose y creciendo no por deseo físico, no por padecimiento físico, sino cediendo a necesidades que son más grandes que la pasión o el sufrimiento y más poderosas que la voluntad o la resistencia. Ojalá el ser humano percibiese con humildad estos secretos de los que la tierra está llena hasta en los objetos más minúsculos y considerara con mayor seriedad, los soportase y, en lugar de tomarlos tan a la ligera, sintiera lo complejos que son. Que fuese respetuoso con su fecundidad, que solo es una, independientemente de que parezca ser física o espiritual, pues también la creación espiritual proviene de la física, conforma un único ser con ella y supone una repetición callada, fascinante y eterna del deseo físico. «La idea de ser creador, de engendrar, de construir» no es nada sin su amplia y continua confirmación y realización en el mundo, nada sin la aprobación de cosas y animales, repetida miles de veces, y su placer es tan indescriptiblemente hermoso y valioso solo porque supone los recuerdos heredados de la concepción y el nacimiento de millones. En una idea de creación viven miles de noches de amor olvidadas y la completan con nobleza y altura. Y aquellos que se juntan por las noches y se entrelazan mecidos por el deseo están realizando una obra seria y acumulan dulzuras, profundidad y fuerza para el canto de algún poeta venidero que se alzará para describir placeres indescriptibles. Y realizan una llamada al futuro; e incluso si se equivocan y se abrazan a ciegas, el futuro acabará llegando, un nuevo ser humano se alzará y, a partir de los cimientos de la casualidad que parece haber sucedido aquí, despertará la ley con la que una semilla fuerte y resistente se abrirá paso hasta el óvulo que espera recibirlo. No os dejéis confundir por la superficie; en el fondo todo acaba siendo ley. Y aquellos que viven el secreto de manera errónea y deficiente (y son muchos), acaban perdiéndolo y lo transmiten como una carta cerrada, sin conocerlo. Y no os dejéis confundir por la variedad de nombres y la complejidad de los casos. Quizá por encima de todo se halle una gran maternidad, un anhelo común. La belleza de la doncella, un ser «que (como dijisteis de manera tan hermosa) aún no ha conseguido nada» es maternidad, imitándola y anticipándola, temiéndola y deseándola. Y la belleza de la madre está al servicio de la maternidad, y en la anciana supone un gran recuerdo. Y tengo la impresión de que también en el hombre hay maternidad, física y espiritual; su procreación también es una especie de alumbramiento y es un alumbramiento porque parte de la más profunda plenitud. Y quizá los géneros están emparentados, como algunos dicen, y tal vez la gran renovación del mundo sea que el hombre y la mujer, libres de toda equivocación y desagrado, dejen de verse como contrarios, sino como hermanos y vecinos, y se unan como seres humanos para poder soportar conjuntamente y de manera sencilla, seria y paciente, el peso de la sexualidad que ha recaído sobre ellos.

Pero todo esto que tal vez en algún momento será posible para muchos puede prepararlo ahora el solitario y construirlo con sus manos, que se equivocan menos que otras. Por eso, querido señor, amad vuestra soledad y soportad el dolor que os causa con quejas que suenen hermosas. Decís que aquellos que están a vuestro lado se encuentran lejos y eso muestra que comenzáis a tener espacio a vuestro alrededor. Y si lo que está a vuestro lado se encuentra lejos, entonces vuestra amplitud ya es muy extensa y descansa bajo las estrellas; alegraos de vuestro crecimiento, en el que nadie podrá acompañaros, y sed bueno con aquellos que se queden rezagados y mostraos seguro y tranquilo ante ellos y no los torturéis con vuestras dudas y no los asustéis con vuestra confianza o alegría, ya que no pueden entenderla. Buscad con ellos algún elemento común sencillo y sincero que no tenga que cambiar necesariamente a medida que vos vayáis evolucionando; amad en ellos la vida en una forma ajena y tened consideración con las personas que envejecen y temen la soledad que vos tan bien conocéis. Evitad alimentar esos dramas que muestran la tensión entre padres e hijos; consumen gran parte de las fuerzas de los hijos y absorbe el amor de los mayores, un amor vigente y cálido incluso cuando no llega a comprender. No exijáis consejo ni contéis con la comprensión de nadie; pero creed en un amor guardado a buen recaudo para vos como una herencia y confiad en que ese amor es un poder y una bendición que no tendréis que abandonar para poder llegar muy lejos.

Es bueno que a corto plazo acabéis en un empleo que os haga totalmente independiente en todos los sentidos. Esperad con paciencia a ver si esta manera de trabajar hace que vuestra vida más íntima se sienta limitada. Me parece una tarea muy complicada y exigente, ya que está condicionada por grandes convenciones y apenas deja espacio para una interpretación personal de las obligaciones. Pero vuestra soledad os servirá de reposo y hogar incluso en medio de situaciones muy extrañas y partiendo de ella podréis encontrar cualquier camino. Estoy dispuesto a acompañaros y contáis con toda mi confianza.

Afectuosamente,

Rainer Maria Rilke

Roma, 29 de octubre de 1903

Estimado y respetado señor:

Recibí vuestra carta del 29 de agosto en Florencia y no os he respondido hasta ahora, dos meses más tarde. Disculpadme esta demora, pero no me gusta escribir cartas mientras estoy de viaje, ya que para hacerlo preciso algo más que los instrumentos necesarios: algo de tranquilidad y soledad a una hora no demasiado extraña.

Llegamos a Roma hace unas seis semanas, en un tiempo en el que aún era la Roma vacía, cálida y febril, y esta circunstancia conllevó, junto con otras dificultades prácticas de instalación, que nunca terminara el jaleo a nuestro alrededor y que el estar en un lugar extraño se juntara a la añoranza de la patria. A eso hay que sumarle que Roma (cuando aún no se la conoce) provoca una profunda tristeza durante los primeros días: el ambiente moribundo y turbio de museo que respira a través de su rico pasado recuperado y conservado con esfuerzo (del que se alimenta un pobre presente), la indecible sobrevaloración de todas estas cosas desfiguradas y podridas que han apoyado eruditos y filólogos e imitado los que viajan a Italia siguiendo convenciones y que no son más que restos casuales de otra época y de una vida que no debe ser la nuestra. Finalmente, tras semanas de estar cada día a la defensiva, uno vuelve a reencontrarse a sí mismo, si bien con cierta confusión, y se dice: no, aquí no hay más belleza que en cualquier otro lugar y todos los objetos que han sido admirados generación tras generación y que han sido mejorados y perfeccionados por las manos de trabajadores no son nada y carecen de corazón y valor; pero hay mucha belleza aquí, porque en todas partes hay mucha belleza. Corrientes interminables y vivaces de agua se deslizan por los antiguos acueductos hasta la gran ciudad y danzan en las numerosas plazas sobre conchas de piedra blanca y se extienden en estanques amplios y espaciosos y murmuran durante el día y elevan sus murmullos durante la noche, que aquí es clara y estrellada y de vientos suaves. Y aquí hay jardines, inolvidables avenidas y escaleras, escaleras concebidas por Miguel Ángel, escaleras construidas siguiendo el modelo del agua que se desliza hacia abajo, amplia en su caída, alumbrando escalón tras escalón como si fueran olas que surgen de otras olas. Por medio de estas impresiones uno se recupera, vuelve a conquistarse alejándose de la exigente multitud que habla y chismorrea (¡y mira que son chismosos!) y conoce poco a poco los escasos elementos en los que pervive lo eterno y digno de amor y lo solitario, elementos de los que se puede participar en silencio.

Aún vivo en la ciudad, en el Capitolio, a poca distancia de la estatua ecuestre más hermosa que se nos ha conservado del arte romano, la de Marco Aurelio; pero dentro de algunas semanas ocuparé un sitio modesto y tranquilo, una antigua galería cubierta perdida en la profundidad de un gran parque oculto a los ruidos y las casualidades de la ciudad. Pasaré todo el invierno allí y disfrutaré de la calma, de quien espero me regale horas de bondad y provecho…

Desde allí, donde me sentiré más como en casa, os escribiré una carta más larga, en la que también trataré el tema de vuestros escritos. Hoy solo os debo decir (y quizás haya sido injusto no habiéndolo hecho antes) que el libro que anunciáis en vuestra carta no ha llegado aquí. ¿Os lo han devuelto, tal vez desde Worpswede (porque no se pueden reenviar paquetes al extranjero)? Esta posibilidad es la más favorable y me gustaría que me la confirmaseis. Espero que no se trate de una pérdida, algo que no constituye precisamente una excepción con el correo italiano, por desgracia.

Me hubiera gustado recibir ese libro (como todo lo que viene de usted); y los versos que hayan surgido desde entonces los leeré y releeré siempre (si los confiáis a mi cuidado) y los viviré lo mejor y lo más cariñosamente que pueda. Deseándoos lo mejor se despide.

Afectuosamente,

Rainer Maria Rilke

Roma, 23 de diciembre de 1903

Mi querido señor Kappus:

No querría que os quedaseis sin un saludo de mi parte durante las navidades y en medio de unas fiestas en las que vuestra soledad se os hace más difícil de soportar de lo habitual. Pero si entonces notáis que la soledad es grande, alegraos por ello, porque (preguntáoslo), ¿qué sería una soledad que no conllevara grandeza? Solo existe *una* soledad y es grande y no es fácil de sobrellevar y a casi todo el mundo le llegan horas en las que a uno le gustaría cambiarlas por cualquier tipo de comunidad, por banal y barata que fuese, por la apariencia de cierta coincidencia con la primera persona que encuentren, con el más indigno... Pero tal vez esas son las horas en las que la soledad crece; porque su crecimiento es doloroso como el crecimiento del joven y triste como el comienzo de la primavera. Pero esto no debe confundiros. Lo necesario es esto solamente: soledad, una soledad grande e íntima. Adentrarse en uno mismo y no encontrarse con nadie durante horas: esto es lo que uno debe poder llegar a conseguir. Estar solo como se estaba solo siendo niño, cuando los adultos caminaban alrededor ocupados con asuntos que parecían grandes e importantes porque los mayores parecían muy atareados y porque uno no comprendía nada de lo que hacían.

Y cuando llega el día en que uno se da cuenta de que sus ocupaciones son miserables, sus profesiones son frías y ya no están vinculadas con la vida, ¿por qué no seguir mirándolo como un niño mira a un extraño desde las profundidades de su propio mundo, desde la distancia de la propia soledad que es al mismo tiempo ocupación, rango y profesión? ¿Por qué cambiar el sabio «no entiendo» de un niño por rechazo y desprecio, habida cuenta de que «no comprender» supone estar solo, mientras que el rechazo y el desprecio suponen tomar parte de aquello de lo que uno quiere alejarse por este medio?

Pensad, querido señor, en el mundo que lleváis dentro y ponedle el nombre que queráis a este pensamiento; puede ser recuerdo de la propia infancia o anhelo del propio futuro; pero prestadle atención a aquello que se encuentra en vos y colocadlo por encima de todo lo que percibáis a vuestro alrededor. Lo que sucede en vuestro interior merece todo vuestro amor, debéis trabajar en ello de alguna manera y no perdáis demasiado tiempo y no le dediquéis demasiados esfuerzos a explicarle vuestra postura a las personas. ¿Quién os dice que tengáis una? Sé que vuestra profesión es dura y muy contraria a vos y preveía vuestra queja y sabía que acabaría llegando. Ahora que ha llegado ya no puedo calmaros, solo puedo aconsejaros que os preguntéis si no son todas las profesiones así, llenas de contradicciones, llenas de animadversión contra el individuo, alimentadas al mismo tiempo por el odio de aquellos que, silenciosos y malhumorados, se han visto cumpliendo obligaciones racionales. El estado en el que ahora debéis vivir no está más cargado de convenciones, prejuicios y equivocaciones que el resto de los estados, y si hay alguno que sale a la luz con mayor libertad, ninguno de ellos tiene relación amplia y directa con las cosas importantes que forman parte de la auténtica vida. Solo el individuo que está solo es como un objeto colocado bajo profundas leyes, y cuando uno sale a la mañana que despierta, y cuando mira hacia fuera durante la noche llena de acontecimientos, y cuando siente lo que allí sucede, entonces se ve libre de todos los estados como si fuera un cadáver, a pesar de encontrarse lleno de vida. Querido señor Kappus, lo que estáis experimentando ahora como oficial lo hubieseis sentido de manera parecida en cualquier otra profesión establecida. Incluso si, fuera de toda posición, hubieseis intentado trabar un contacto simple y autónomo con la sociedad, habrías tenido que soportar esta sensación de opresión. Es así en todas partes; pero esta no es razón para sentir miedo o tristeza. Si no hay ningún elemento común entre los seres humanos y vos, intentad contemplar con detalle las cosas que no os abandonarán; aún quedan las noches, y los vientos que soplan entre los árboles y sobre muchos campos; aún suceden muchísimas cosas entre los objetos y los animales en las que podéis tomar parte; y los niños aún son como fuisteis vos de niño, así de tristes y felices, y cuando pensáis en vuestra niñez volvéis a vivirla con ellos, con los niños solitarios, y los adultos no son nada y sus dignidades carecen de todo valor.

Y si pensar en vuestra infancia y en el silencio y la sencillez que conllevaba os provoca inquietud y tormento porque ya no podéis creer en Dios, que aparece en todas partes, preguntaos, querido señor Kappus, si realmente habéis perdido a Dios. ¿Acaso no es más bien que nunca lo habéis poseído realmente? ¿Cuándo debió suceder? ¿Creéis que un niño puede mantenerlo, un Dios que los hombres solo pueden sobrellevar con dificultad y cuyo peso oprime a los ancianos? ¿Creéis que quien lo posea realmente puede perderlo como si fuera una piedrecilla o acaso no pensáis que quien lo tuviese solo podría perderlo si él así lo quisiera? Pero si reconocéis que no estaba en vuestra infancia ni tampoco antes, si sospecháis que Cristo fue confundido por su pasión y Mohamed fue engañado por su orgullo y si sentís con horror que ahora tampoco existe, en esta hora en la que hablamos de Él, ¿qué os da derecho a echarlo de menos a Él, que nunca existió, como un fallecido y a buscarlo como si se hubiese perdido?

¿Por qué no pensáis que Él es el que ha de venir, quien está a punto de llegar desde hace una eternidad, el futuro, el fruto final de un árbol cuyas hojas somos nosotros? ¿Qué os impide atrasar vuestro nacimiento hasta los tiempos venideros y vivir vuestra vida como si fuera un día hermoso y doloroso en la historia de un largo embarazo? ¿Es que no veis que todo lo que sucede siempre supone un comienzo? Y ¿no podría ser Su comienzo, ya que todos los inicios tienen algo bello de por sí? Si Él es el ser más perfecto, ¿acaso no debía haber algo inferior antes de él para que pudiera elegir en perfección y abundancia? ¿No debe ser Él el último para poder incluirlo todo dentro de sí? ¿Y qué sentido tendríamos nosotros si aquel que ansiamos ya hubiese sido?

Así como las abejas reúnen la miel, recolectamos nosotros lo más dulce de entre todas las cosas y lo construimos a Él. Incluso comenzamos con lo pequeño, con lo imperceptible (bastando que haya sucedido por amor), con el trabajo y con el descanso posterior, con un silencio o con una alegría pequeña y solitaria, con todo lo que hacemos en soledad, sin participantes ni acólitos, comenzamos a formarlo a él, de quien no podemos tener experiencia vivida, de la misma manera que nuestros antecesores no pudieron tenerla de nosotros. Y sin embargo, este pasado remoto está en nosotros como anexo, como carga en nuestro destino, como sangre que fluye y como cantos que ascienden desde la profundidad de los tiempos.

¿Hay algo que os pueda quitar la esperanza de estar en Él alguna vez, que es el más Lejano y Extenso?

Querido señor Kappus, celebrad las navidades con el piadoso sentimiento de que Él quizá necesite precisamente ese miedo vital vuestro para comenzar; precisamente estos días de vuestra transición son tal vez el momento, pues todo en vos está trabajando en Él como ya trabajasteis sin aliento en Él antaño, cuando erais un niño. Tened paciencia y no os enojéis y pensad que lo mínimo que podemos hacer es no ponerle a Él más dificultades en su proceso de llegar a ser, al igual que la tierra hace con la primavera cuando esta decide llegar.

Y alegraos y tened esperanza.

Afectuosamente,

Rainer Maria Rilke

Roma, 14 de mayo de 1904

Mi querido señor Kappus:

Ha pasado mucho tiempo desde que recibí vuestra última carta. No me lo tengáis en cuenta; primero fue el trabajo, después unas molestias y finalmente una enfermedad lo que me ha impedido ofreceros una respuesta que (así lo deseaba) debería llegaros como fruto de unos días buenos y tranquilos. Ahora me siento de nuevo algo mejor (el comienzo de la primavera con sus caprichosos y malignos cambios también se sintió aquí con crudeza) y tengo ocasión de saludaros, querido señor Kappus y contestaros (algo que hago con muchísimo gusto) a aquella carta vuestra lo mejor que sé.

Mirad: he copiado vuestro soneto porque me pareció que es hermoso y sencillo y que ha nacido en una forma en la que puede caminar con discreto decoro. Son los mejores versos vuestros que he leído. Y ahora os devuelvo mi copia porque sé que es importante y que supone una nueva experiencia leer el trabajo propio con una escritura ajena. Leed los versos como si fuesen de otro y sentiréis en lo más profundo hasta qué punto son vuestros.

Me ha supuesto una gran alegría releer frecuentemente este soneto y vuestra carta; os doy las gracias por ambos.

Y no podéis dejaros confundir en vuestra soledad por el hecho de que algo dentro de vos desee salir de ella. Precisamente ese deseo puede ayudaros a expandir vuestra soledad sobre un amplio terreno si la empleáis como una herramienta de manera tranquila y reflexiva. La gente (con ayuda de las convenciones) ha solucionado todo siguiendo el camino más fácil en la vertiente más sencilla de lo fácil; sin embargo, está claro que debemos continuar en lo difícil; todo lo que vive sigue este principio, todo en la naturaleza crece y se defiende siguiendo sus características y si brota algo propio, hace todo lo posible para ser y vence cualquier resistencia. Sabemos poco, pero el hecho de que hemos de aferrarnos a lo difícil supone una certeza que no nos abandona. Es bueno estar solo, porque la soledad es difícil; el que algo sea difícil debe suponernos una razón más para hacerlo.

También el amor es bueno, porque amar es difícil. Que los seres humanos se amen entre sí es quizá la tarea más difícil que nos ha sido encomendada, la más extrema, la prueba y el examen definitivos, el trabajo para el que todos los demás trabajos no son más que una preparación. Por eso los jóvenes, que son principiantes en todo, aún no *conocen* el amor: tienen que aprenderlo. Con todo su ser, con todas sus fuerzas reunidas en torno a su corazón solitario, inquieto, que se eleva en sus latidos, tienen que aprender a amar. El periodo de aprendizaje es siempre un espacio de tiempo largo y cerrado y el amar dura mucho y se extiende por numerosas facetas de la vida: la soledad, el estar solo es más elevado y profundo para el que ama. En principio, amar no es nada que signifique elevarse, entregarse y unirse con otra persona (porque ¿qué sería la unión de lo difuso y lo incompleto, de lo aún inferior?); supone una ocasión sublime para el individuo de madurar, de llegar a ser algo en su interior, de convertirse en un mundo, convertirse en un mundo por el deseo de otra persona: se trata de una pretensión grande y nada modesta, algo para lo que ha sido elegido y que lo reclama para alcanzar metas más amplias. Solo en este sentido de tarea, de trabajo en uno mismo *(«escuchar y trabajar día y noche»)* pueden utilizar los jóvenes el amor que se les entrega. La elevación y la entrega y toda clase de vida en común no es para ellos (que aún deben ahorrar y reunir durante mucho, mucho tiempo), eso es lo último, es quizás algo para lo que la vida humana apenas es suficiente. Pero es aquí donde los jóvenes suelen cometer a menudo graves equivocaciones cuando se entregan (en su naturaleza está la falta de paciencia) al llegarles el amor, dispersarse tal y como son con todo su desorden, su desconcierto, su abandono... Pero ¿qué es lo que debe ser? ¿Qué debe hacer la vida con este montón de seres medio destruidos que ellos consideran su comunidad y que querrían considerar su fortuna, si fuese posible, y su futuro? Ahí todos se pierden por la voluntad del otro y pierden al otro y a muchos otros que pudieran venir. Y pierden las metas más amplias y las posibilidades, cambian el acercarse y huir de cosas silenciosas y llenas de presagios por una incertidumbre infructuosa de la que ya no puede salir nada; nada que no sea un poco de asco, decepción y pobreza y la salvación en forma de alguna de las numerosas convenciones que se presentan en gran número junto a este peligroso camino como si fueran refugios para el uso de todos. Ningún otro ámbito de la experiencia humana está tan provisto de convenciones como este: los salvavidas procedentes de las invenciones más diversas; los botes y los flotadores están ahí; la razón social ha sabido crear vías de escape de todo tipo ya que, como se sentía inclinada a entender la vida amorosa como un placer, se vio obligada a convertirlo también en algo sencillo, barato, seguro y libre de peligros como todos los placeres públicos.

Es cierto que muchos jóvenes que aman de manera errónea, esto es, entregándose de manera sencilla y sin soledad (la mayoría lo hará siempre así), notan la opresiva sensación de estar equivocándose y quieren también convertir el estado en el que se encuentran en algo fértil y vital de manera propia y personal, pues su naturaleza les dice que todo lo importante, y más aún las cuestiones del amor, no pueden resolverse de forma pública y según esta o aquella convención; que son cuestiones, cuestiones cercanas de persona a persona que precisan en cada caso una respuesta nueva, especial y *exclusivamente* personal. Pero aquellos que ya se han entregado y ya no pueden diferenciarse ni establecer fronteras, aquellos que ya no poseen nada propio, ¿cómo pueden encontrar una salida de sí mismos, de la profundidad de una soledad sepultada?

Actúan a partir de una indefensión común y, cuando intentan escapar con la mejor voluntad de la primera convención que se les ocurre (tal vez el matrimonio), acaban en las garras de otra solución convencional menos llamativa pero igualmente nociva; porque todo lo que les rodea es convención; cuando se actúa a partir de una unión temprana y turbia, toda acción es convencional; toda relación que lleva a tal confusión tiene su convención, por poco útil que sea (esto es, inmoral en el sentido habitual). Sí, incluso la separación sería en este caso un paso convencional, una decisión casual e impersonal sin fuerza ni fruto.

Quien se fija de manera seria encuentra que, al igual que la muerte, que es difícil, tampoco hay una explicación, ninguna solución, ninguna seña o camino para el amor difícil. Y para estas dos tareas que portamos ocultas y que transmitimos sin abrirlas no se pueden descubrir reglas comunes basadas en convenios. Pero en la misma medida en la que comenzamos a intentar vivir como individuos, estos grandes asuntos nos afectaran a nosotros, a los individuos, desde una mayor cercanía. Los desafíos a nuestra evolución que nos propone el duro trabajo del amor son de vital y enorme importancia y nosotros, como principiantes, no damos la talla. Pero si conseguimos resistir y consideramos este amor como una carga y un periodo de aprendizaje en lugar de perdernos en ese juego sencillo e inconsciente en el que los seres humanos se han escondido de la faceta más seria de su existencia, entonces los que nos sucedan dentro de mucho tiempo quizá sientan un pequeño progreso y cierto alivio; esto ya sería mucho.

Acabamos de ponernos a contemplar de manera objetiva y libre de prejuicios el comportamiento de un individuo con otro y carecemos de modelos para nuestros intentos de vivir este tipo de relación. Y sin embargo, en el cambio del tiempo hay algo que nos ayudará durante nuestros dubitativos comienzos.

La muchacha y la mujer, en su nuevo y propio desarrollo, imitarán temporalmente las virtudes y los defectos masculinos y repetirán las profesiones del hombre. Tras la inseguridad de tal transición se demostrará que las mujeres solo han pasado por la pompa y la variedad de esos disfraces (a menudo ridículos) para limpiar su ser más íntimo de las influencias tergiversadas por el otro sexo. Las mujeres en las que descansa y habita la vida en su versión más directa, fértil e íntima deben convertirse en seres humanos básicamente más maduros, seres más humanos que el hombre banal que no porta el peso de un fruto físico bajo la superficie de la vida, el hombre oscuro y brusco que infravalora aquello que dice amar. Esta humanidad de la mujer llevada entre dolores y humillaciones aflorará cuando se hayan eliminado las convenciones de la solo-feminidad de su estado exterior y los hombres que hoy aún no lo han visto venir se sentirán sorprendidos y asombrados. Algún día (algo de lo que al menos en los países del norte ya existen signos fiables y llamativos), algún día estarán allí la joven y la mujer, cuyo nombre ya no significará un antónimo de lo masculino, sino algo autónomo, algo que no conllevará un complemento o una frontera, solo vida y existencia: el ser humano femenino.

Este avance transformará la experiencia del amor, que ahora está llena de equivocaciones (al principio muy en contra de la voluntad de los hombres, que se sentirán superados), la transformará de arriba abajo convirtiéndola en una relación de ser humano a ser humano y no ya en una relación de hombre y mujer. Y este amor humano (que se extenderá a las uniones y separaciones de manera infinitamente considerada y silenciosa, buena y clara) se asemejará a aquel que preparamos luchando con esfuerzo, ese amor basado en que dos soledades se protegen mutuamente, mantienen sus límites y se saludan.

Y una cosa más: no creáis que aquel gran amor que os sobrevino como muchacho se ha perdido: ¿podéis decir si entonces no maduraron en vos deseos grandes y buenos y los principios según los cuales vivís aún hoy? Creo que aquel amor pervive en vuestra memoria de manera tan fuerte y poderosa porque supuso la primera vez en la que estuvisteis profundamente solo y fue el primer trabajo interior que hicisteis en vuestra vida.

¡Os deseo lo mejor, querido señor Kappus!

Atentamente,

Rainer Maria Rilke

Borgeby gård, Flädie (Suecia), 12 de agosto de 1904

Quiero volver a hablar un rato con vos, querido señor Kappus, a pesar de que apenas puedo decir nada que sirva de ayuda, nada que resulte útil. Habéis tenido numerosas y grandes tristezas que forman parte del pasado. Y decís que el periodo en el que llegaron a convertirse en pasado os resultó difícil y os marcó mucho. Pero, por favor, planteaos si estas grandes tristezas en lugar de pasar de largo no os atravesaron. Si no cambiaron muchas cosas dentro de vos, si no habéis cambiado en algún lugar, en algún punto de vuestro ser durante el tiempo en el que estuvisteis triste. La única tristeza negativa y peligrosa es aquella que se pone ante los ojos de la gente para exagerarla; como enfermedades tratadas de manera superficial e incompetente, desaparecen y tras una breve pausa vuelven a surgir de manera aún más temible; y se acumulan en el interior y son vida, son vida no vivida, despreciada, perdida por la que se puede morir. Si nos fuera posible ver más allá de hasta donde alcanza nuestro conocimiento y un poco más allá de los trabajos precedentes de nuestros antecesores, entonces quizá soportaríamos nuestras tristezas con mayor confianza que nuestras alegrías, pues son los instantes en los que se adentra en nosotros algo nuevo, algo desconocido; nuestros sentimientos enmudecen cohibidos y tímidos, todo lo que hay en nuestro interior se retira, surge un silencio y lo nuevo, que nadie conoce, se alza en el centro y calla.

Creo que casi todas nuestras tristezas son momentos de tensión que sentimos como parálisis, porque ya no podemos oír cómo viven nuestros extrañados sentimientos. Porque con lo ajeno que nos sucede estamos solos; porque durante un instante nos es arrebatado todo lo que nos es conocido y acostumbrado; porque nos encontramos en medio de una transición donde no podemos quedarnos parados. También por eso la tristeza acaba pasando: lo bueno dentro de nosotros, lo que nos ha acontecido, se ha adentrado en nuestro corazón, está en sus salas más íntimas y al mismo tiempo tampoco está ya allí, está ya en la sangre. Y nosotros no nos damos cuenta de qué era. Sería fácil hacernos creer que no ha sucedido nada, y sin embargo hemos cambiado como se transforma una casa en la que entra un invitado. No podemos decir quién ha llegado, quizá no lo sepamos nunca, pero hay muchas señales que indican que el futuro se adentra en nosotros de esta manera para transformarnos mucho tiempo antes de que llegue a suceder. Y por eso es tan importante estar solo y atento cuando se está triste: el momento aparentemente anodino e inmóvil en el que se adentra en nosotros nuestro futuro está mucho más cerca de la vida que aquellos otros momentos casuales y ruidosos que nos sobrevienen de fuera. Cuanto más tranquilos, abiertos y pacientes seamos durante la tristeza, tanto más profundo e inequívoco se adentrará lo nuevo en nosotros, tanto mejor lo recibiremos, tanto más será *nuestro* destino y tendremos la más íntima relación con él y lo sentiremos cerca cuando algún día posterior nos «suceda» (esto es, cuando salga de nosotros hacia los demás). Y eso es necesario. Es necesario y nuestra evolución irá cada vez más en esta dirección; no nos ocurrirá nada ajeno, sino solo aquello que nos pertenece desde hace mucho. Ha sido necesario inventarse muchos términos para describir movimientos; también se aprenderá poco a poco a reconocer que aquello que llamamos destino es algo que parte de los seres humanos y no es algo que se introduzca en ellos desde fuera. Muchos no reconocieron lo que surgía de ellos solo porque no exprimieron sus destinos mientras habitaban dentro de sí y no transformaron su interior; les resultó algo tan ajeno que, en su confuso temor, pensaron que debía haber entrado en ellos justo en aquel instante, ya que estaban convencidos de que nunca habían encontrado algo parecido dentro de ellos. Al igual que hubo muchos errores respecto al movimiento del sol, sigue habiendo aún muchos sobre el movimiento de lo venidero. El futuro es algo fijo, querido señor Kappus, pero nosotros nos movemos en espacios infinitos.

¿Cómo no lo vamos a tener difícil?

Y si volvemos a hablar de la soledad, cada vez se vuelve más evidente que no se trata en principio de algo que podamos elegir o desechar. *Estamos* solos. Uno puede engañarse y actuar como si no fuera así. Eso es todo. Pero es mucho mejor aceptar que lo estamos, partir directamente desde esta premisa. Está claro que sentiremos vértigo, pues todos los puntos sobre los que solían descansar nuestros ojos nos serán arrebatados, no habrá nada más en nuestra cercanía y todo lo lejano estará a infinita distancia. Si alguien fuese sacado de su dormitorio, casi sin preparación y de manera inmediata, y fuese puesto de golpe en la cima de una alta montaña sentiría algo parecido: una inseguridad sin parangón, una exposición a lo inefable que casi lo destruiría. Tendría la sensación de estar cayendo o podría creer que ha salido disparado hacia el espacio o que su cuerpo ha estallado en mil pedazos. ¡Qué mentiras más terribles habría de inventar el cerebro para controlar y explicarse el estado de sus sentidos! Así cambian todas las distancias, todas las medidas para aquel que está solo.

Muchos de estos cambios suceden de repente y como le sucede al hombre de la cima de la montaña, también surgen sensaciones extrañas e ilusiones poco comunes que parecen rebasar todo lo soportable. Pero es necesario que también experimentemos *eso*. Debemos extender nuestra existencia hasta donde podamos: todo debe ser factible en su interior, también lo inaudito. Este es, básicamente, el único valor que se nos exige: valor para lo más extraño, lo más maravilloso y lo más inexplicable que nos pueda suceder. El que el ser humano haya sido cobarde en este sentido ha causado infinitos daños a la vida; las experiencias que llaman «apariciones», todo lo que se define como «el mundo de los espíritus», la muerte, todas estas cosas que nos resultan tan familiares han sido expulsadas de la vida por una defensa diaria hasta tal punto que los sentidos con los que podríamos comprenderlas se encuentran atrofiados. Por no hablar de Dios. Pero el miedo a lo inexplicable no solo ha empobrecido la existencia del individuo, sino también las relaciones interpersonales se han visto limitadas, extrayéndolas directamente desde el lecho del río de las infinitas posibilidades y llevadas a un punto yermo de la orilla donde nada sucede. Porque no es solo la indolencia la que convierte las relaciones humanas en una repetición monótona en la que nada cambia de un caso al otro, sino el temor a una experiencia nueva y no previsible ante la cual uno no se ve capacitado. Sin embargo solo el que esté preparado para cualquier cosa, el que no excluya nada, ni siquiera lo más misterioso, experimentará la relación con otro como algo vivo y aprovechará su propia existencia. Porque nuestra manera de pensar en esta existencia del individuo como un espacio más grande o más pequeño demuestra que la mayoría solo conoce una esquina de este espacio, un alfeizar, una franja por la que pasean arriba y abajo. Así tienen cierta seguridad. Y sin embargo es mucho más humana esa peligrosa inseguridad que lleva a los prisioneros en las historias de Poe a tantear las formas de su espantosa mazmorra para que los increíbles horrores de su estancia no les resulten desconocidos. Pero nosotros no somos prisioneros. A nuestro alrededor no hay dispuestas trampas o nudos corredizos para atrapar animales y no hay nada que nos deba provocar temor o tormento. Hemos sido arrojados a la vida como si nos hubieran introducido en el elemento que más nos representa y además, a través de milenios de adaptación nos hemos asemejado tanto a esta vida que, si nos paramos y permanecemos en silencio, apenas nos diferenciamos de lo que nos rodea gracias a un afortunado mimetismo. No tenemos motivo alguno para desconfiar de nuestro mundo, porque no está en nuestra contra. Si tiene elementos que provocan temor, son nuestros temores, si tiene abismos, esos abismos nos pertenecen, si hay peligros debemos intentar amarlos. Y si levantamos nuestra vida siguiendo esta base que nos aconseja seguir siempre el camino difícil, entonces lo que ahora aún nos parece lo más ajeno se convertirá en lo más fiel y conocido. ¿Cómo olvidar aquellos viejos mitos que se hayan en los orígenes de todos los pueblos, los mitos de dragones que se transforman en princesas en el último momento? Quizá todos los dragones sean las princesas de nuestra vida que solo están esperando vernos por una vez hermosos y valientes. Quizá todo lo horrible sea en definitiva algo desvalido que desea nuestra ayuda.

Entonces, querido señor Kappus, no podéis asustaros si se alza ante vos una tristeza, aunque sea de un tamaño nunca visto, cuando una intranquilidad pasa como la luz y las sombras de las nubes sobre vuestra mano y sobre todo lo que hacéis. Debéis pensar que está sucediendo algo en vos, que la vida no os ha olvidado, que la tenéis en vuestras manos, que no os dejará caer. ¿Por qué queréis apartar de vuestra vida cualquier intranquilidad, cualquier dolor, cualquier pesar si no sabéis cómo os transforman estos estados? ¿Por qué queréis atormentaros preguntándoos de dónde viene todo y adónde va? Sabéis que os encontráis en una transición y que no hay nada que deseéis más que transformaros. Si algo de lo que os acontece es patológico, pensad que la enfermedad es el medio con el que el organismo se libera de lo que le es ajeno; entonces el único remedio es estar enfermo, padecer toda la enfermedad y salir de ella, porque esa es su manera de avanzar. En vos, querido señor Kappus están sucediendo muchas cosas; debéis tener paciencia como un enfermo y confianza como un convaleciente, ya que quizá seáis ambas cosas. Y aún os digo más: también sois el médico que ha de vigilaros. Pero en toda enfermedad hay muchos días en los que el médico no tiene otra cosa que hacer que esperar. Y esa es, como vuestro médico, vuestra mayor ocupación en estos momentos.

No os observéis demasiado. No extraigáis consecuencias demasiado precipitadas de lo que os sucede; dejad simplemente que suceda. Con demasiada facilidad acabáis contemplando con reproches (esto es, de una manera moral) vuestro pasado, que, como es natural, afecta a todo lo que os sucede ahora. No obstante, las equivocaciones, deseos y pasiones de vuestra juventud que tienen ahora efecto en vos no son aquellas que recordáis y juzgáis. Las singulares condiciones de una infancia desvalida y solitaria son tan duras, tan complicadas, tan sujetas a tantas influencias y al mismo tiempo tan carentes de todo contexto vital real que cuando aparece en ellas un vicio no se le debe caracterizar como tal sin más. En general hay que tener mucho cuidado con los nombres. A menudo es el *nombre* de un delito lo que destruye una vida, no la acción personal y sin nombre en cuestión, algo que quizá fuera fruto de una necesidad concreta de la vida y que hubiese podido ser asimilada por ella sin esfuerzo. Y la fuerza necesaria os parece tan grande porque sobrevaloráis la victoria. La victoria no es lo «grande» que decíais haber logrado, aunque tenéis razón con vuestro sentimiento; lo grande es que allí hubo algo que pudisteis emplear en lugar del engaño, algo auténtico y real. Sin esto vuestra victoria solo hubiera sido una reacción moral sin mayor significado, pero así se ha convertido en un capítulo de vuestra vida. De vuestra vida, querido señor Kappus, a la que dedico tantos pensamientos y deseos. ¿Recordáis cómo deseaba esta vida salir de la infancia para alcanzar lo «grande»? Veo cómo ahora quiere partir de lo grande para alcanzar algo mayor. Por eso nunca deja de ser difícil, pero también por eso no dejará nunca de crecer.

Y si me permitís deciros algo más, será esto: no creáis que aquel a quien intentáis consolar vive sin esfuerzo bajo las palabras calladas y sencillas que a veces os hacen bien. Su vida cuenta con mucho esfuerzo y tristeza y está muy por detrás de la vuestra. Si hubiese sido de otra manera, nunca habría podido encontrar aquellas palabras.

Atentamente,

Rainer Maria Rilke

Furuborg, Jonsered (Suecia),
4 de noviembre de 1904

Mi querido señor Kappus:

En este tiempo que ha transcurrido sin que recibáis ninguna carta mía he estado en parte de viaje, en parte tan ocupado, que no pude escribir. Y hoy también me resulta difícil hacerlo, porque debía ocuparme de muchas cartas y tengo la mano cansada. Si pudiese dictar os diría mucho, pero así tendréis que aceptar estas pocas palabras como si fueran una larga carta.

Pienso en vos a menudo y concentro tanto mis deseos en vos, querido señor Kappus, que creo que en realidad debo estar ayudándoos de alguna manera. Sin embargo, dudo frecuentemente que mis cartas puedan seros de alguna ayuda. No digáis: sí que lo son. Aceptadlas con serenidad y sin mucho agradecimiento y ya veremos qué sucede.

Quizá no sirva de nada que trate ahora cada una de vuestras palabras, porque lo que pudiese decir sobre la inclinación a la duda o sobre vuestra incapacidad para aunar la vida interior y exterior o sobre todo aquello que os atormenta siempre es lo que ya os he dicho, siempre el deseo de que encontréis suficiente paciencia en vuestro interior para soportarlo y suficiente diversidad para tener fe. Podríais ganar cada vez más confianza en aquello que es difícil y, entre otras cosas, en vuestra soledad. Y por lo demás dejad que la vida pase. Creedme: la vida tiene siempre razón.

Y sobre los sentimientos: todos los sentimientos que destacáis y resumís son puros; impuro es el sentimiento que solo contempla una faceta de vuestro ser y que así os desfigura. Todo lo que podáis pensar teniendo en cuenta vuestra infancia es bueno. Todo lo que haga de vos más de lo que hayáis podido ser en vuestros mejores momentos, es correcto. Cualquier progreso es bueno si se encuentra en toda vuestra sangre, si no es embriaguez, si no es turbio, sino una alegría que se contempla detenidamente. ¿Entendéis a qué me refiero?

Y vuestra duda puede convertirse en una buena característica si la educáis. Debe saber, debe volverse crítica. Preguntadle cada vez que os impida hacer algo por qué algo es feo, exigidle que os lo demuestre, ponedla a prueba y quizá la encontréis confusa y cohibida, quizá también proteste. Pero no desistáis, exigid argumentos y actuad así cada vez, de forma atenta y consecuente, y llegará el día en el que un destructor se convertirá en vuestro mejor trabajador, quizá el más inteligente de todos los que constituyen vuestra vida.

Esto es todo lo que puedo deciros hoy, querido señor Kappus. Pero os envío también una separata de una pequeña poesía que ha sido publicada en la *Deutsche Arbeit* de Praga. Allí sigo hablando de la vida y la muerte y de que ambas son grandes y maravillosas.

Atentamente,

Rainer Maria Rilke

París, 26 de diciembre de 1908

No sabéis, querido señor Kappus, lo que me alegró recibir esa hermosa carta vuestra. Las noticias que me dais, que vuelven a ser reales y francas, me parecieron buenas y cuanto más las contemplo, tanto más me parecen realmente buenas. Tenía la intención de escribiros esto el día de Navidad; pero en medio del trabajo en el que vivo este invierno de manera abrumadora e ininterrumpida, la vieja fiesta llegó tan de repente que apenas tuve tiempo de hacer los preparativos necesarios, mucho menos de escribir.

Pero he pensado en vos a menudo durante estos días festivos y me imaginaba lo tranquilo que debéis estar en vuestro solitario fuerte entre las montañas yermas sobre las que arremeten aquellos poderosos vientos del sur como si quisieran devorarlas en grandes trozos.

El silencio en el que se desarrollan esos ruidos y esos movimientos debe ser inmenso, y cuando uno piensa que a todo eso se une la presencia del lejano mar y que este también participa en la melodía, quizá como el tono más profundo de esta harmonía anterior a la historia, entonces solo se os puede desear que permitáis, confiado y paciente, que esta extraordinaria soledad haga efecto en vos para no abandonaros nunca más en vuestra vida; que permanezca como una influencia anónima en todo lo que aún os resta por experimentar y hacer y tenga un efecto silencioso y decisivo, al igual que se mueve en nosotros sin descanso la sangre de nuestros antecesores y se mezcla con la nuestra para formar ese algo único e irrepetible que somos en cada giro de nuestra vida.

Sí: me alegro de que tengáis a vuestro lado esa existencia firme y determinada, ese título, ese uniforme, esa profesión, todo lo tangible y limitado que en un entorno tal, acompañado de una tropa poco numerosa e igual de aislada adquiere una seriedad y una importancia que supera la actividad trivial destinada a hacer pasar el tiempo dentro del oficio militar y supone un uso consciente en el que la introspección no solo no disminuye, sino que incluso se acrecienta. Y el encontrarnos en situaciones que obran sobre nosotros, que de vez en cuando nos sitúan ante grandes elementos de la naturaleza, eso es lo único que es necesario.

También el arte es una forma de vivir y uno puede prepararse para él viviendo de cualquier manera, sin saberlo. En cualquier realidad la cercanía al arte es mayor y más estrecha que en esas profesiones irreales y semiartísticas que, al representar una cercanía al arte, prácticamente niegan y atacan la existencia de todo arte, como hace todo el periodismo y casi toda la crítica y tres cuartas partes de eso que se llama literatura y que pretende serlo. Me alegro, en definitiva, de que hayáis superado el peligro de caer en esa trampa y que os encontréis solo y valiente en una cruda realidad. Espero que el año que tenemos por delante os mantenga y fortalezca en esa situación.

Afectuosamente,

Rainer Maria Rilke

Elegías de Duino

Primera Elegía

Si gritara, ¿quién me oiría de entre los órdenes celestiales? E incluso suponiendo que alguno me apretara de repente junto a su corazón: su imponente presencia me haría desvanecer, pues lo hermoso no es otra cosa que el comienzo de lo terrible que aún somos capaces de soportar y si tanto lo admiramos es porque, en su calma, rehúsa destruirnos. Todo ángel es terrible.

Y así me contengo yo pues, y sofoco el grito de ayuda que es mi oscuro sollozo. Ay, ¿a quién podemos recurrir entonces? No a los ángeles, no a los hombres, y los animales inteligentes notan ya que no nos sentimos confiados y en casa en el mundo de las palabras. Quizá nos quede junto a la ladera un árbol que contemplar cada día; nos queda el sendero de ayer y la fidelidad caprichosa de una costumbre que nos tomó aprecio y así permaneció y no se fue. Ah, y la noche, la noche, cuando el viento henchido de cosmos nos consume el rostro… ¿A quién no le quedaría, la anhelada, la que tiernamente decepciona, la que alberga esforzada el corazón solitario? ¿Resulta más sencillo para los amantes? Ay, ellos solo ocultan su destino con la presencia del otro.

¿Aún no lo sabes? Arroja el vacío de tus brazos hacia los espacios que respiramos; quizá así los pájaros sientan con vuelo íntimo un aire más amplio.

Sí, las primaveras te necesitaban. Algunas estrellas te animaban a que las notases. Se alzó hacia ti una gran ola en el pasado o, al pasar junto a una ventana abierta, las notas de un violín se te entregaron. Todo aquello era una misión. Pero ¿pudiste cumplirla? ¿Acaso no te distraían siempre las expectativas como si todo te anunciara la llegada de una amante? (¡Dónde quieres albergarla si los pensamientos grandes y ajenos están entrando y saliendo constantemente de ti y a menudo permanecen confinados en la noche!). Pero si sientes nostalgia, canta a las amantes; a su famoso sentimiento le queda mucho para alcanzar el grado suficiente de inmortalidad. Aquellas abandonadas a las que tú casi envidias, que te parecen amar mucho más que las saciadas. Comienza siempre con una alabanza que nunca acaba de hacer justicia; piensa: el héroe permanece, incluso la derrota fue para él solo un pretexto, su nacimiento definitivo. Pero la naturaleza agotada vuelve a acoger en su interior a las amantes como si sus fuerzas no fueran suficientes como para crearlas una segunda vez. ¿Has pensado lo bastante en Gaspara Stampa, en que cualquier muchacha abandonada por su amado pueda sentir, amante, ante un ejemplo tan sublime: «quiero ser como ella»?

¿Acaso no debieran tener su fruto de una vez estos dolores, los más antiguos de todos? ¿No va siendo hora de que los amantes nos liberemos de los amados y temblorosos resistamos como la flecha resiste la cuerda del arco para, unida a ella en el disparo, llegar a ser más de lo que es? Pues ningún lugar supone permanecer.

Voces, voces. Escucha, corazón mío, como solo los santos oyeron aquella imponente llamada que los alzaba del suelo; pero ellos siguieron de rodillas.

Fuera de lo posible, seguían sin percibir nada más: así escuchaban. No es que pudieses soportar la voz de Dios, ni mucho menos. Pero escucha las olas, la noticia ininterrumpida que conforma el silencio. Ahora te llega el murmullo de aquellos jóvenes muertos.

Allá adonde fueras, ¿es que su destino no te habló calmado en las iglesias de Roma y Nápoles? ¿O no lo portaba una inscripción que se alzaba ante ti como sucedió hace poco con la lápida en Santa María Formosa? ¿Qué quieren de mí? Debo desechar en silencio la apariencia de injusticia que a veces entorpece ligeramente los puros movimientos de sus espíritus.

Ciertamente resulta extraño haber dejado de habitar la tierra, abandonar costumbres recién aprendidas, no darles a las rosas y a otros objetos que encierran en sí una promesa el significado del futuro humano; no volver a ser aquello que se fue una vez entre unas manos que sufrían infinito temor y abandonar incluso el propio nombre como un juguete roto.

Es extraño dejar de desear deseos. Es extraño ver ondear en el vacío suelto todo lo que estuvo unido. Y estar muerto es cansado y supone un gran esfuerzo sentir poco a poco una chispa de eternidad. Pero todos los vivos cometen el error de diferenciar de manera excesivamente tajante. Los ángeles, dicen, a menudo no sabrían si caminan entre los vivos o los muertos. La corriente eterna arrastra consigo cualquier edad en estos dos mundos y la silencia en ambos con su estruendo.

Al final, aquellos que nos fueron arrebatados demasiado pronto ya no nos necesitan, uno se desacostumbra a lo terrenal suavemente, igual que se abandonó el pecho de la madre. Pero nosotros, que precisamos tan grandes misterios, nosotros que a menudo experimentamos algún afortunado progreso en la tristeza… ¿podríamos existir sin ellos?

¿Es que es vana la leyenda de que fue en el lamento por Lino cuando irrumpió, atrevida, la primera música en aquel entorno de seco estupor? ¿De que en el asustado espacio que un joven casi divino acababa de abandonar de pronto y para siempre surgió del vacío aquella vibración que ahora nos arrastra, consuela y ayuda?

Segunda Elegía

Todo ángel es terrible. Y sin embargo, pobre de mí, yo os canto, aves casi asesinas de las almas, sabiendo cómo sois. ¿Qué fue de los días, Tobías, en los que uno de los más espléndidos se encontraba junto a la modesta puerta de una casa ligeramente disfrazado como para emprender un viaje y habiendo perdido su aspecto temible? (Un joven para el joven que miraba curioso hacia el exterior.)

Si ahora descendiera el arcángel, el peligroso, aunque solo diera un paso desde las estrellas y se nos acercara, los latidos de nuestro propio corazón acabarían con nosotros. ¿Quiénes sois?

Vosotros que pronto conocisteis la fortuna, seres mimados de la creación, cordilleras, cimas bañadas de rojo amanecer para todo lo creado, polen de la divinidad que florece, articulaciones de la luz, pasillos, escaleras, tronos, espacios de la existencia, escudos de gozo, tumultos de sentimientos de tormentoso éxtasis que de pronto se vuelven solitarios, espejos que reproducen la propia belleza y la devuelven al rostro que la ha irradiado.

Pues nosotros, allí donde sentimos, nos volatilizamos; ya, nos quedamos sin oxígeno; al pasar de un ascua a otra producimos cada vez un aroma más débil. Entonces tal vez nos diga uno: sí, eres parte de mi sangre, este cuarto, la primavera se llenan de ti… ¿De qué sirve? No puede conservarnos, nos desvanecemos en él y junto a él. Y aquellos que son hermosos, ¿quién los retiene? La apariencia se va despegando de su rostro sin cesar y acaba marchándose. Como el rocío de la hierba de la mañana se va despegando la nuestra como el calor de una comida caliente. Ay sonrisas, ¿Adónde vais? Ay las miradas al cielo: las ondas que escapan del corazón nuevas, cálidas… ¡Ay de mí! Es lo que *somos*. ¿Acaso el cosmos en el que nos disolvemos tiene nuestro sabor? ¿Toman realmente los ángeles solo lo suyo, lo que ellos irradian o es posible que, como por descuido, haya un poco de nuestra esencia de vez en cuando? ¿Estamos mezclados en sus rasgos como esa expresión de vaguedad de los rostros de las mujeres encintas? Ellos no lo notan en el torbellino de su retorno a sí mismos. (¡Cómo habrían de notarlo!)

Los amantes podrían, si entendieran, hablar lenguas misteriosas en el aire de la noche, pues parece que todo nos oculta. Mira, los árboles están; las casas que habitamos aún permanecen. Nosotros simplemente pasamos de largo como un cambio de viento. Y todo está determinado a acallarnos, en parte por vergüenza quizá, y en parte por inefable esperanza.

Amantes, vosotros que os bastáis mutuamente, a vosotros os pregunto por nosotros. Os abrazáis. ¿Tenéis pruebas? Mirad, a veces me sucede que mis manos cobran consciencia la una de la otra o que mi rostro cansado en ellas se refugia. Esto me provoca alguna sensación. Pero ¿quién se atrevería a *ser* solo por esto? Pero vosotros que, embelesados por el otro vais creciendo hasta que él, abrumado, os ruega: ya basta; vosotros que bajo las manos del otro os volvéis más ricos, como los años de buena vendimia; vosotros que a veces os desvanecéis solo porque el otro ha tomado toda iniciativa: a vosotros os pregunto por nosotros. Sé que sois dichosos rozándoos porque las caricias retienen, porque el lugar que cubrís con vuestro cariño permanece; porque debajo sentís pura perdurabilidad. Por eso un abrazo es casi una promesa de eternidad. Y sin embargo, cuando superáis el espanto de las primeras miradas y el anhelo junto a la ventana, y el primer paseo juntos, por una vez: amantes, ¿entonces seguís siéndolo? Cuando os eleváis hasta la boca del otro y os unís, bebida con bebida, ¡ay, de qué extraña manera evita el bebedor llevar a cabo la acción!

¿Acaso no os asombraba en las estelas áticas la precaución del gesto humano? ¿No pesaba sobre los hombros el amor y la despedida de una manera tan liviana que parecía que estuviera hecho de una materia distinta a la nuestra? Recordad las manos que se tocan sin apretarse a pesar de la fuerza que se manifiesta en los torsos. Controlando sus sentimientos supieron: hasta aquí llegamos, esto es lo que nos corresponde, tocarnos así; los dioses se oponen a nosotros con fuerza. Pero eso es asunto de los dioses.

Ojalá encontrásemos también nosotros algo humano que fuera puro, perdurable y recogido, nuestra franja de tierra fértil entre la corriente y la roca. Pues el propio corazón nos sigue superando siempre como a aquellos. Y ya no podemos verlo en imágenes donde aparece calmado ni en cuerpos de dioses, que es en los que más se templa.

Tercera Elegía

Una cosa es cantarle a la amada. Otra, ay, es hacerlo a ese dios-río de la sangre oculto y culpable. Aquel al que ella reconoce desde la distancia, su muchacho, ¿qué sabe del señor del deseo que alzaba empapada la cabeza de dios a menudo desde la soledad, antes de que la doncella lo aplacara, a menudo también surgiendo de quién sabe qué regiones desconocidas, como si ella no existiera, incitando a la noche a causar desórdenes infinitos? ¡Ay del Neptuno de la sangre, ay de su temible tridente! ¡Ay del oscuro viento de su pecho a través de retorcida concha! Escuchad cómo la noche ahonda y ahueca. Vosotras, estrellas, ¿no provocáis el deseo del amante ante el rostro de su amada? ¿No procede del astro puro la profunda mirada a su puro semblante?

No fuiste tú, pobre de ti, no fue su madre quien tensó el arco de sus cejas, expectante. No fue a ti, sensible muchacha, a quien arqueó sus labios con fecunda expresión. ¿Realmente crees que tu liviana presencia podría conmoverlo así, tú, que caminas como el viento de la mañana?

Es cierto que causaste miedo en su corazón; pero temores más antiguos se precipitaron en él cuando se produjo el contacto. Llámalo… Tu llamada no lo sacará del todo de su oscuro entorno. Está claro que quiere, que se evade; aliviado se acomoda en tu secreto corazón y toma y encuentra su inicio. Pero ¿comenzó alguna vez?

Madre, tú lo hiciste pequeño, fuiste tú quien lo comenzaste; para ti él era nuevo, tú pusiste ante sus ojos nuevos el mundo amable y le ocultaste el extraño. Ay, ¿dónde han ido los años en los que tú simplemente sustituías las olas del caos con tu esbelta figura? Mucho le ocultabas así; hiciste que la habitación que en la noche se llenaba de sospechas fuese inofensiva, mezclabas su espacio nocturno con un espacio humano salido del enorme refugio de tu corazón. No posaste tu luz nocturna en las tinieblas, no, sino en tu más cercana existencia y parecía hecha de amistad. En ningún lugar hubo un crujido que no explicaras sonriendo, como si siempre hubieras sabido cuándo se comportan así las maderas... Y él te escuchaba y encontraba alivio. Podías lograr tanto con tan solo levantarte dulcemente... Tras el armario aparecía su destino con las solapas del abrigo levantadas y entre los pliegues de la cortina que se corría con facilidad se encontraba su inquieto futuro.

Y él, yaciendo aliviado entregándose con párpados somnolientos a la dulzura de tu ligera figura mientras disfrutaba del adormecimiento... *parecía* un protegido. Pero *dentro,* ¿quién lo defendía, quién retenía en su interior las mareas del origen? Ay, aquí el durmiente no mostraba precaución alguna; durmiendo, pero soñando, pero enfebreciendo; ¡cómo se aventuraba! Él, el nuevo, intimidado, ¡cómo se enredaba con la proliferación de zarcillos de su acontecer interno, enlazados formando modelos, en sofocante crecimiento, adoptando formas de animales cazadores! ¡Cómo se entregaba! Amaba. Amaba su interior, su salvaje interior, ese bosque virgen dentro de él en cuyas hojas caídas y mudas se alzaba su corazón bajo una luz verdosa. Amaba. Lo abandonó, siguió sus propias raíces hasta su poderoso origen donde ya había sobrevivido a su pequeño nacimiento. Amando ascendió por la sangre más antigua hasta los abismos donde se encontraba lo terrible, aún rebosante de los padres. Y fue reconocido por todo lo terrible, que le hacía señas como si lo conociera. Sí, lo espantoso sonreía... Rara vez has sonreído de manera tan tierna, madre. ¿Cómo no amarlo si le sonreía? Lo amó antes que a ti, ya que cuando tú lo llevabas, estaba ya diluido en el agua que aligera al que germina.

Mira, nosotros no amamos un único año como las flores; cuando amamos nos sube por los brazos una sabia inmemorial, muchacha, *esto:* amábamos *dentro de* nosotros, no a uno, a alguien que estuviese por venir, sino a los incontables que están gestándose; no a un niño concreto, sino a los padres que como ruinas de una montaña descansan en nuestro interior, sino al lecho seco de antiguas madres, sino a todo el paisaje callado bajo un destino encapotado o claro: *esto,* muchacha, es lo que llegó antes que tú.

Y tú misma, ¿qué sabrás? despertaste los tiempos remotos en el amante. ¡Cuántos sentimientos fueron desenterrados de aquellos seres desaparecidos! ¡Cuántas mujeres te odiaron allí! ¿Qué clase de hombres oscuros despertaste en las venas del joven? Niños muertos querían acercarse a ti... ¡Oh, en silencio, en silencio! Realiza ante él algo con amor, alguna tarea cotidiana diurna en la que confiar... Llévale junto al jardín, concédele el dominio sobre las noches...

Retenlo...

Cuarta Elegía

Oh árboles de la vida, ¿cuándo os llegará el invierno? No estamos acompasados. No recibimos avisos como las aves migratorias. Superados y tardíos, los vientos nos impulsan de repente y acabamos cayendo en un estanque indiferente. Florecer y marchitarse suceden al mismo tiempo en nuestra consciencia. Y en algún lugar corren leones aún y desconocen la debilidad mientras dura su magnificencia.

Nosotros, sin embargo, allí donde pensamos una cosa, por completo, ya se puede sentir la opuesta desplegándose. La hostilidad es lo más cercano a nosotros. ¿Acaso los amantes no tropiezan constantemente con las fronteras del otro incluso habiéndose prometido espacios amplios, caza y hogar?

Con el retrato de un instante se prepara un fondo que representa lo contrario, con esfuerzo, para que lo veamos, pues se es muy claro con nosotros. No conocemos el contorno del sentir: solo lo que lo forma desde fuera.

¿Quién no se sentó aterrado ante el telón de su corazón? Se abrió: el escenario representaba una despedida. Fácil de entender. El jardín conocido, y oscilando en silencio: fue entonces cuando apareció el bailarín. No es *él*. ¡Basta! Y por sutil que sea se ve que está disfrazado y representa un ciudadano y entra en su casa a través de la cocina.

No quiero estas máscaras a medio llenar, prefiero la marioneta, que es plena. Quiero soportar la marioneta y el hilo y su rostro hecho de apariencia. Aquí. Estoy delante. Incluso cuando las lámparas se apaguen, cuando a mí también me digan: ya no hay más... Cuando con el humo gris también descienda del escenario el vacío, cuando ya no se siente conmigo ninguno de mis silenciosos predecesores, ninguna mujer, ni siquiera el muchacho bizco de ojos pardos: me quedaré de todas maneras. Siempre hay algo que ver.

¿No tengo razón? Tú, a quien la vida le supo tan amarga por mi causa, bebiendo la mía, padre, la primera infusión turbia de mis obligaciones, bebiendo una y otra vez mientras yo crecía y preocupado con el regusto de un futuro tan ajeno comprobabas mi mirada que se elevaba empañada, tú, padre mío, desde que estás muerto sientes en mi interior miedo, en mi esperanza, y abandonas la indiferencia de los muertos, imperios de indiferencia, por mi pequeño destino, ¿acaso no tengo razón? Y vosotros, ¿no tengo razón?, vosotros que me amasteis por el pequeño inicio de amor que os tuve y del que siempre me alejé porque el espacio en vuestra presencia, como yo lo amaba, se perdía en el cosmos en el que ya no os encontrabais...: si me atrevo a esperar ante el teatro de marionetas, no, a observarlo con tal atención que, para ejercer de contrapeso a mi mirada al final tenga que descender un ángel como actor que levante la marioneta. Ángel y marioneta: entonces al final hay teatro. Entonces se reúnen lo que siempre separamos al existir. Entonces surge de nuestras estaciones por vez primera el círculo del cambio. Entonces el ángel interpreta sobre nosotros. Mira, los moribundos, ¿no deberían sospechar cuánto hay de pretexto en todo lo que hacemos aquí? Nada es lo que es. Ay, horas de la infancia cuando tras las figuras había más que tan solo pasado y no había futuro ante nosotros. Es cierto que crecíamos y que a veces deseábamos hacernos mayores pronto por amor a aquellos que no tenían nada más que ser mayores. Y sin embargo, en nuestro caminar solitario disfrutábamos de lo perdurable y nos encontrábamos en el espacio entre el mundo y el juguete, en un lugar que fue creado desde el principio para procesos puros.

¿Quién puede mostrar a un niño tal y como es? ¿Quién lo lleva a las estrellas y le pone en la mano la medida de la distancia? ¿Quién hace de la muerte del niño pan gris que se endurece o la deja dentro de la boca redonda, como el corazón de una hermosa manzana? Los asesinos son fáciles de comprender. Pero esto, contener la muerte, la muerte al completo, *antes* de la vida de una manera tan suave y no sentir enfado, esto es indescriptible.

Quinta Elegía

Dedicada a la señora Hertha Koenig.

¿Quiénes son, dime, los trotamundos, esos aún un poco más fugitivos que nosotros mismos, que desde muy temprano retuerce una voluntad nunca satisfecha por *quién*, por amor a *quién*? Sin embargo los escurre, los dobla, los entrelaza y los sacude, los lanza y los recoge de nuevo; como si el aire estuviera alisado y engrasado, caen sobre la raída alfombra, adelgazada por su eterno rebotar, esa alfombra perdida en el cosmos. Extendida como un emplasto, como si el cielo de los suburbios hubiese herido allí la tierra.

Y apenas están allí, se yerguen y exhiben: la mayúscula inicial de estar... Pero la mano que siempre retorna los hace girar nuevamente para divertirse, incluso a los más corpulentos, como hacía Augusto el Fuerte en la mesa con un plato de estaño.

Ah, y rodeando el centro, la rosa del espectador florece y pierde las hojas. Alrededor del que pisotea, del pistilo que alcanzado por el propio polen vuelve a producir un fruto falso de desgana sin saberlo nunca, brillando en su finísima superficie la desgana, que esboza una sonrisa leve y falsa.

Allí: el forzudo, marchito y arrugado, el anciano que aún golpea el tambor, perdido en el interior de su inmensa piel, como si antes hubiera contenido a dos hombres y uno yaciera ya en el camposanto, y él le hubiese sobrevivido, sordo y a veces algo confuso en su piel viuda.

Pero el joven, el hombre, como si fuera el hijo de una cerviz y una monja: tenso y robusto, lleno de músculos e ingenuidad.

Ay, vosotros, que una vez recibisteis una pena que aún era pequeña como un juguete, durante una de sus largas convalecencias...

Tú, que con el golpe que solo las frutas aún no maduras conocen caes cada día cientos de veces del árbol del movimiento levantado entre todos (el que, más veloz que el agua, presenta en pocos minutos primavera, verano y otoño)..., caes y rebotas en la tumba: a veces, durante un silencio de blanca, parece querer surgir en ti una expresión de amor hacia tu madre, que apenas muestra ternura; sin embargo se pierde sobre tu cuerpo, consumiéndola en la superficie, el rostro tímido que apenas lo intenta... Y de nuevo el hombre da una palmada para emprender el salto y, antes de que haya aparecido jamás algún dolor cerca del corazón siempre al galope, le llega el ardor de las plantas de los pies anticipándose a su origen, con un par de lágrimas físicas y furtivas que aparecen rápidamente en tus ojos.

Y sin embargo, a ciegas, la sonrisa...

¡Oh ángel! Tómala, recoge esa planta curativa de pequeñas flores.

¡Consigue un jarrón, consérvala! Preséntala ante aquellas alegrías que *aún* no se nos han abierto; en una hermosa urna alábala con esta florida y vital inscripción:

«Subrisio Saltat».

Entonces tú, preciosa, tú, a quien han saltado en silencio las más encantadoras alegrías. Quizá tus flecos sean felices en tu lugar, o sobre tus senos jóvenes y apretados se sienta la seda verde metalizada infinitamente cuidada y satisfecha.

Tú, fruta de mercado de la indiferencia, siempre distinta sobre todas las balanzas oscilantes del equilibrio, expuesta al público entre los hombros.

Dónde, oh, dónde está el lugar –yo lo llevo en el corazón– donde ellos aún no podían, donde aún se separaban unos de otros como animales que intentasen cubrirse sin pertenecer a la misma especie; donde los pesos aún son pesados, donde los platos aún se tambalean sobre sus palos que giran en vano...

Y de pronto, en este penoso lugar en ninguna parte, de pronto el lugar indescriptible donde el simple «demasiado poco» se transforma incomprensiblemente, pasa de un salto a ser un «demasiado» vacío. Donde las cuentas de muchas cifras acaban sin números.

Plazas, oh plaza en París, interminable escenario donde la modista Madame Lamort toma los senderos de la tierra en los que no hay descanso, interminables cintas, y las entrelaza y teje e inventa nuevos lazos a partir de ellos, fruncidos, flores, escarapelas, frutas artificiales, todos de colores irreales, para los baratos sombreros invernales del destino.

* * *

¡Ángel!: si hubiese una plaza que no conociéramos y allí, sobre una alfombra indescriptible los amantes, que aquí nunca son capaces de aprenderlo, mostraran sus atrevidas y elevadas figuras del impulso del corazón, sus torres de pasión, sus escalas que se sostienen desde hace mucho apoyándose entre sí allí donde nunca hubo suelo, temblorosas, y supieran hacerlo, rodeados de espectadores, innumerables muertos en silencio:

¿Arrojarían entonces su última moneda de la suerte, eternamente en vigor, aquella ahorrada desde siempre, siempre oculta, desconocida para nosotros, la arrojarían ante la pareja que al fin sonríe de verdad sobre la aplacada alfombra?

Sexta Elegía

Higuera, hace ya tiempo que me interesa cómo ignoras casi por completo el florecimiento e introduces, modesta, tu puro secreto en el fruto en el momento justo. Como el caño de una fuente impulsan tus curvas ramas la savia arriba y abajo: y abandona el sueño de golpe, casi sin despertar, adentrándose en la fortuna de la más dulce de sus tareas. Mira: como el dios en el cisne.

… Pero nosotros nos demoramos, ay, nos enorgullece florecer, nos adentramos, traicionados, en el interior tardío del fruto que por fin se forma. Pocos sienten hasta tal punto la necesidad de actuar que se levantan y arden con el corazón rebosante cuando la tentación de florecer les roza la juventud de la boca, les roza los párpados como suave brisa nocturna: a los héroes quizá y los predestinados desde el principio, a aquellos a los que la muerte, actuando de jardinera, dobla sus venas de manera distinta. Esos se lanzan: se adelantan a la propia sonrisa, como las cuadrigas de los bajorrelieves de Karnak al rey victorioso.

Sin embargo, el héroe está sorprendentemente cerca de los que mueren jóvenes. No le atrae perdurar. Su ascensión es la existencia; con determinación va más allá y se adentra en la cambiante constelación de sus constantes peligros. Allí pocos lo encontrarían. Pero el destino que oscuro nos lo silencia, fascinado de pronto lo atrae con sus cantos hacia la tormenta de su vertiginoso mundo.

Pero yo no oigo a nadie como a él. De pronto me atraviesa el viento tempestuoso de su tono oscuro.

Entonces, ¡cuánto me gustaría protegerme de la nostalgia! Ay, si yo fuera un niño y pudiese aún llegar a ser algo y me sentara apoyado en los brazos del futuro y leyera acerca de Sansón, de cómo su madre no engendró nada al principio para luego engendrarlo todo.

¿Acaso no era ya héroe cuando estaba en tu interior, madre, no comenzó a tomar su maravillosa decisión dentro de ti? Miles se gestaban en el regazo y querían ser él, pero mira cómo él cogió y soltó, eligió y fue capaz. Y si derribó las columnas fue porque salió del mundo de tu cuerpo a un mundo más estrecho, donde continuó eligiendo y siendo capaz. ¡Oh madres del héroes, oh orígenes de desatadas corrientes! Vosotras, abismos en los que se arrojan entre lamentos las doncellas desde las alturas del borde del corazón, víctimas futuras del hijo.

Pues el héroe atravesó como una tempestad las estancias del amor, apartando todo, cada latido destinado a él, y dando la espalda, se encontró al final de las sonrisas –distinto.

Séptima Elegía

Basta de llamadas, no más llamadas, que la naturaleza de tu grito sea voz emancipada; es cierto que tu grito era puro como el de un ave cuando la estación lo levanta, la que eleva, olvidando casi que es un penoso animal y no un corazón solitario que ella lanza al cielo despejado, al cielo íntimo. Como el pájaro, así llamarías, no peor, cuando, aún invisible, la amiga te descubriera, callada, mientras una respuesta va despertando poco a poco en ella y se va avivando al escuchar –un encendido sentimiento en respuesta a tu osado sentir.

Ay, y la primavera comprendería que no hay ningún lugar allí que no llevase el tono de la anunciación. Primero ese pequeño rumor interrogativo que con creciente silencio llena por completo un día puro lleno de respuestas afirmativas. Después los escalones ascendentes, escalones de llamadas al soñado templo del futuro; después el trino, fuentes que anticipan en prometedor juego la caída hacia la impetuosa corriente… Y ante sí, el verano.

No solo todas las mañanas del verano, no solo su transformación en día y su brillo desde el comienzo. No solo los días, que se comportan con delicadeza con las flores, y en lo alto, con los árboles ya formados, fuertes y majestuosos. No solo el recogimiento de estas fuerzas desatadas, no solo los senderos, no solo las praderas al atardecer, no solo, tras las tormentas vespertinas, la claridad que se respira, no solo la cercanía del sueño y una premonición, en la tarde... ¡Sino las noches! Sino las sublimes noches, las noches de verano, sino las estrellas, las estrellas de la tierra. Ay, estar muerto algún día y conocerlas infinitamente, todas las estrellas, porque ¿cómo, cómo, cómo olvidarlas?

Mira, entonces llamaría a la amante. Pero no solo *ella* vendría... Saldrían doncellas de débiles sepulcros y se levantarían... Porque, ¿cómo podría limitar la llamada que he lanzado, cómo? Los caídos siguen deseando la tierra. Vosotros, niños, una cosa de aquí una vez alcanzada vale por muchas. No creáis que el destino es más que la plenitud de la infancia; con qué frecuencia superasteis al amado, respirando, respirando tras una carrera dichosa sin ningún destino, al aire libre.

Estar aquí es maravilloso. Vosotras lo sabíais, muchachas, *vosotras* también, vosotras, que aparentemente privadas de todo, hundidas, vosotras, en los callejones más sórdidos de las ciudades, ulcerando, o expuestas a la depravación. Porque todas contaron con una hora, quizá no una hora completa, un espacio entre dos instantes apenas cuantificable con las medidas del tiempo, en la que tuvieron una existencia. Todo. Las venas repletas de existencia. Pero olvidamos con demasiada facilidad todo lo que nuestro sonriente vecino no nos confirma o nos envidia. Queremos hacerla visible y levantarla, a pesar de que la fortuna más visible no se nos da a conocer hasta que no la transformamos en algo interno.

En ningún lugar, amada, llegará a ser el mundo si no es en el interior. Nuestra vida acaba en transformación. Y el exterior va desapareciendo, empequeñeciendo cada vez. Allí donde una vez hubo una casa estable se nos presenta una imagen mental, atravesándose, una que pertenece totalmente a lo imaginado, como si estuviera aún por completo en el cerebro. El espíritu del tiempo crea amplias reservas de energía, sin forma, como el tenso impulso que obtiene de todas las cosas. Ya no conoce templo alguno. Nosotros ahorramos en secreto estos derroches, los del corazón. Sí, allí donde aún subsiste uno, un objeto adorado alguna vez, donde se rezaba, de rodillas, se conserva tal y como es dentro de lo invisible. Muchos ya no reparan más en ello ni cuentan con la ventaja de construirlo ahora en su interior, con pilares y estatuas, ¡más grande!

Cada insensible vuelta del mundo cuenta con este tipo de desheredados a los que no les pertenece lo anterior ni lo venidero. Porque también lo venidero está lejos de los seres humanos. Esto no nos debe confundir *a nosotros;* fortalece en nosotros la salvaguarda de la forma aún reconocida. La que estuvo entre los hombres, estuvo en medio del destino, en lo destructivo, en medio del no-saber-a-dónde, como si fuera algo, e inclinó hacia sí estrellas desde los cielos seguros. Ángel, a ti te lo puedo mostrar aún, ¡ahí! ante tu mirada se alza al fin, salvado, por fin en pie. Columnas, pilonos, la esfinge, el apoyarse de la gris catedral para ascender desde una ciudad que se desvanece o desde una extranjera.

¿No fue un milagro? Oh, asómbrate, ángel, ya que somos *nosotros,* nosotros; oh gigante, cuenta que fuimos capaces de eso; mi aliento no alcanza para la alabanza. Así, pese a todo, no hemos desperdiciado los espacios, estos espacios reservados, *nuestros.* (¡Qué terriblemente grandes deben ser, ya que nuestros sentimientos de milenios no bastan para colmarlos!).

Pero una torre fue grande, ¿no es cierto? ¡Oh, ángel, ¿no lo fue, grande, incluso a tu lado? Chartres fue grande y la música llegaba aún más allá y nos sobrepasaba. Sin embargo, incluso una mujer que ama... oh, sola junto a la ventana nocturna..., ¿no te llegaría ni a las rodillas? No creas que te estoy llamando, y aunque lo hiciera. Tú no vienes. Mi llamada es siempre hacia afuera; no puedes avanzar contra una corriente tan fuerte. Mi llamada es como un brazo extendido. Y la mano abierta, dispuesta a agarrar, permanece arriba, ante ti, como un medio de defensa y de advertencia, inalcanzable, allá en lo alto.

Octava Elegía

Dedicada a Rudolf Kassner.

Con todos los ojos ve la criatura lo abierto. Pero nuestros ojos parecen vueltos del revés y dispuestos a su alrededor, cercándola por completo como trampas, rodeando su vía de escape. Lo que hay afuera es algo que sabemos tan solo a partir del rostro del animal; pues ya damos la vuelta al niño pequeño y lo obligamos a que vea las figuras de espaldas y no mire a lo abierto, que con tal profundidad se presenta en el rostro del animal. Libre de la muerte. Nosotros solo la vemos a *ella;* el animal libre tiene su ocaso siempre tras de sí y a Dios delante, y cuando camina se dirige hacia la eternidad, como camina la fuente.

Nosotros nunca, ni un solo día, tenemos delante el espacio puro en el que las flores se abren eternamente. Siempre es mundo y nunca es ningún lugar sin no: lo puro, no vigilado, lo que se respira y se *sabe* sin fin y no se desea. De niño uno se pierde en el silencio una vez y se siente estremecer. O alguien muere y entonces se *es*. Porque cerca de la muerte ya no se ve a la muerte y uno mira *afuera,* quizá con la gran mirada del animal. Los amantes, si no existiera el otro que oculta la vista, están cerca y se asombran. Como por casualidad se ha abierto tras el otro… Pero nadie avanza superando al otro y él vuelve a convertirse en el mundo. Orientados siempre hacia la creación, en ella solo vemos el reflejo de lo libre, oscurecido por nosotros. O que un animal tranquilo, callado, alza la mirada y nos atraviesa. Esto es lo que se llama destino: estar enfrente y nada más que eso y siempre enfrente.

Si hubiese consciencia de nuestra situación en el seguro animal que se nos cruza en otra dirección, nos arrastraría con su giro. Pero su existencia es para él infinita, inabarcable y sin consciencia de su estado, pura, como su horizonte. Y allí donde nosotros vemos futuro, él ve todo y se ve en todo y está curado para siempre.

Y sin embargo, en el animal alerta y cálido existe el peso y la preocupación de una gran melancolía. Pues él también trae siempre consigo aquello que a nosotros a menudo nos supera, el recuerdo, como si alguna vez aquello que se anhela hubiera estado más cerca, más fiel y su unión hubiese sido infinitamente tierna. Aquí todo es distancia y allí todo fue aliento. Tras el primer hogar, el segundo le parece ambiguo y ventoso. Oh, bendita sea la *pequeña* criatura que siempre *permanece* en el vientre que la gestó; oh, feliz el mosquito que aún salta interiormente, incluso en sus nupcias, pues el vientre lo es todo.

Y mira la seguridad parcial del pájaro, que casi conoce ambas por su origen, como si fuera un alma de un etrusco, de un muerto a quien el espacio acogió, pero que está tapado por su figura yacente. Y qué perplejo está el que debe volar y procede de un vientre. Como asustado de sí mismo atraviesa en zigzag el aire como una grieta recorre una taza. Así desgarra el rastro del murciélago la porcelana de la tarde.

Y nosotros: espectadores, siempre, en todas partes, ¡mirándolo todo, pero nunca mirando afuera! Nos supera. Lo ordenamos. Se derrumba. Lo ordenamos de nuevo y nos derrumbamos.

¿Quién nos ha dado la vuelta de tal manera que, hagamos lo que hagamos, siempre tenemos la postura de aquel que se marcha? Como aquel que sobre la última colina que le muestra de nuevo su valle al completo se vuelve, se detiene, se demora… así vivimos y siempre nos estamos despidiendo.

Novena Elegía

¿Por qué si es posible pasar el plazo de la existencia como laurel, un poco más oscuro que el resto del verde, con pequeñas ondas en el borde de cada hoja (como una sonrisa del viento), por qué entonces hay que ser humano y, evitando el destino, anhelar el destino…?

Oh, *no* porque *suponga* la felicidad, esa apresurada ganancia que precede una cercana pérdida. No por curiosidad o para ejercicio del corazón, que también estaría en el laurel…

Sino porque el estar aquí significa mucho y porque aparentemente todo lo de aquí nos necesita, estas cosas perdurables que nos incumben de extraña manera. A nosotros, los más perdurables. *Una* vez, solo *una* vez. *Una* vez y ya no más. Y nosotros también *una* vez. Nunca más. Pero ese haber sido *una* vez, aunque sea haber sido terrenal *una* vez, parece algo irrevocable.

Y así nos esforzamos y queremos conseguirlo, queremos conservarlo en nuestras manos sencillas, en una mirada más plena y en el corazón sin habla. Queremos llegar a serlo… ¿Para dárselo a quién? Preferiríamos conservarlo para siempre… A la otra situación, ay, ¿qué se puede llevar? No la apariencia, lo aprendido aquí lentamente y nada de lo aquí sucedido. Nada. Tampoco los dolores. Tampoco, por supuesto, lo difícil, tampoco la larga experiencia del amor, tampoco lo realmente inefable. Pero después, bajo las estrellas, qué importa: son mejores inefables. Pero el caminante no vuelve de la ladera de la montaña al valle con una mano llena de tierra, para todos inefable, sino con una palabra ganada, pura, una genciana amarilla y azul. ¿Acaso estamos tal vez aquí para decir casa, puente, fuente, puerta, jarra, frutal, ventana o, como mucho, columna o torre? Pero para decir, entiéndelo, ay, para decirlo *así* como las cosas, en su interior, nunca pretendieron ser. ¿No es una argucia secreta de esta tierra callada cuando empuja a los amantes a que todo, absolutamente todo se transforme en su sentimiento? Umbral: para dos amantes, ¿qué es el desgastar ligeramente el viejo umbral de la propia puerta, desgastarlo ellos también tras los muchos que les precedieron y ante los que vendrán, qué es sino algo… sencillo?

Aquí está el tiempo de lo *expresable, aquí* está su hogar. Habla y reconoce. Más que nunca van cayendo las cosas, las que pueden vivirse, pues lo que las empuja y sustituye es un actuar sin imagen. Actuar bajo cortezas que revientan a voluntad en cuanto la actividad interior crece y presenta nuevos límites. Entre los martillos persiste nuestro corazón, como la lengua entre los dientes que, sin embargo, pese a todo, sigue siendo la que dispensa alabanzas.

Que el mundo alabe al ángel, no el mundo inefable, ante él no puedes jactarte de tus magníficos logros; en el universo donde él siente con mayor sensibilidad eres tú un advenedizo. Por eso muéstrale lo sencillo, lo que ha tomado forma generación tras generación y vive como algo nuestro, junto a la mano y en la mirada. Cuéntale las cosas. Se quedará asombrado, como tú ante el cordelero en Roma o el alfarero a orillas del Nilo. Muéstrale lo feliz que puede ser una cosa, lo inocente y nuestra, cómo incluso el lamento por una pena decide, puro, tomar forma, servir como una cosa o morir en una cosa, y escapa feliz del violín, más allá. Y estas cosas que viven de la muerte entienden que las alabas; efímeras, confían que las salvemos nosotros, los más efímeros. Quieren que las transformemos por completo en corazones invisibles, ay, ¡eternamente en nosotros!, seamos lo que seamos al final.

Tierra, ¿no es esto lo que quieres, surgir *invisible* en nosotros? ¿Acaso no es tu sueño ser por una vez invisible? ¡La tierra! ¡Invisible! ¿Cuál es entonces tu imperiosa misión si no es la transformación? Tierra, mi bien, yo quiero. Oh, créeme, ya no necesitarías tus primaveras para ganarme para ti, una, ay, una sola es ya demasiado para la sangre. Sin nombre estoy decidido por ti, desde hace tiempo. Siempre tuviste razón y tu sagrada idea es la muerte amiga.

Mira, estoy vivo. ¿Desde dónde? Ni la infancia ni el futuro son menores… Una rebosante existencia me brota en el corazón.

Décima Elegía

Que algún día, a la salida de la espantosa visión, eleve mi canto de júbilo y alabanza a los ángeles, que asentirán. Que los claros golpes de los martillos del corazón no fracasen al encontrar cuerdas flojas, dubitativas o rasgadas. Que mi rostro cubierto de lágrimas me haga brillar más; que el llanto invisible florezca. Oh, entonces ¡cuán gratas me seréis, noches atormentadas! Que no os acepté arrodillado, inconsolables hermanas, que no me entregué a vuestros desatados cabellos aún más desatado. Nosotros, dilapidadores del dolor. ¡Cómo, en su triste duración, tratamos de ver más hacia el futuro por si quizá así termina! Pero el dolor es nuestra fronda de invierno, nuestra oscura violeta siempre verde, una de las épocas del año secreto –no solamente tiempo–, son lugar, asentamiento, campamento, suelo, residencia.

Ciertamente, ay, ¡qué extrañas son las callejas de la ciudad del sufrimiento, donde en el falso silencio creado a partir del estrépito, poderoso, desde el orificio de descarga del molde de vacío alardea el ruido dorado, el monumento que estalla! ¡Ay, ojalá un ángel les pisoteara sin dejar huella su mercado de consuelos, situado junto a la iglesia, que compraron ya terminada: limpia y cerrada y desilusionada en domingo como una oficina de correos! Afuera, en cambio, se fruncen siempre los contornos del mercado anual. ¡Columpios de la libertad! ¡Buzos y bufones del esfuerzo! Y el tiro al blanco con figuras de fortuna engalanada, donde los blancos se agitan y resuenan como hojalata cuando alguien hábil acierta. Continúa tambaleándose del aplauso a la casualidad, pues hay puestos para todo tipo de curiosidad que pregonan, tocan los tambores y berrean. No obstante, para los adultos todavía resulta especial ver cómo el dinero se multiplica, de manera anatómica, no solo por diversión: el órgano sexual del dinero, todo, el conjunto, la transacción…, todo instruye y torna fecundo…

… Oh, pero justo más allá, tras la última valla cubierta de carteles de «Sin muerte», esa cerveza amarga que a los bebedores les parece dulce siempre que la mascan acompañada de frescas diversiones…, justo detrás de la valla, justo a su espalda, está lo *real*. Los niños juegan, y los amantes se abrazan, retirados, serios, sobre la humilde hierba, y los perros tienen naturaleza. El muchacho se siente atraído más allá; quizá ama una queja joven… La sigue hasta la pradera. Ella dice: Lejos. Vivimos allí afuera…

¿Dónde? Y el muchacho la sigue. Le conmueve su porte. Los hombros, el cuello…, quizá sea de origen noble. Pero la abandona, regresa, le vuelve la espalda, se despide con un gesto… ¿Qué otra cosa podría hacer? Ella es una queja.

Solo los muertos jóvenes en el primer estado de indiferencia atemporal, el de abandonar antiguas costumbres, la siguen enamorados. Aguarda a las muchachas y traba amistad con ellas. Les muestra en silencio lo que lleva puesto. Perlas del dolor y los delicados velos de la resignación. Con los jóvenes camina callada.

Pero allí donde viven, en el valle, una de las quejas más ancianas se interesa por el muchacho cuando pregunta: Nosotras las quejas, le dice, fuimos antaño un gran linaje. Los padres eran mineros allí, en la gran montaña; a veces encuentras entre los hombres un trozo pulido de pena ancestral o ira de lava petrificada procedente de un antiguo volcán. Sí, eso proviene de allí. Antaño fuimos ricas. Y ella lo conduce ligera por el amplio paisaje de las quejas, le muestra las columnas del templo o los escombros de aquel castillo donde en otro tiempo el príncipe de las quejas gobernó con sabiduría el país. Le muestra los árboles de las lágrimas y los campos donde florece la melancolía (los vivos solo los conocen como fronda tierna); le muestra los animales de la tristeza pastando, y de vez en cuando un pájaro se asusta y cruza en vuelo rasante por su mirada, extendiendo la imagen escrita de su grito solitario. Por la tarde lo lleva a las tumbas de los ancianos del clan de la queja, las sibilas y los augures. Pero la noche se avecina, así que caminan con mayor silencio, y pronto se alza como la luna el monumento fúnebre que vela sobre todas las cosas. Hermana de aquel junto al Nilo, la augusta esfinge: rostro de la cámara callada. Y contemplan asombrados la cabeza coronada, que para siempre, en silencio, ha puesto el rostro de los hombres en la balanza de las estrellas.

Los ojos del muchacho no comprenden, mareado por la muerte reciente. Pero la mirada de ella, levantada más allá del borde del *pschent* ahuyenta al búho. Y el ave, deslizando un trazo lento por la mejilla, aquella de la redondez más madura, dibuja suavemente en el nuevo oído del muerto, sobre una hoja doble abierta, el contorno indescriptible.

Y más arriba, las estrellas. Nuevas. Las estrellas del país del dolor. La queja las nombra despacio: aquí, mira, el Jinete, el Cayado, y aquel conjunto más poblado de estrellas lo llaman La corona de frutos. Después, más allá, hacia el polo: la Cuna; el Sendero, el Libro ardiente; la Muñeca; la Ventana. Pero en el cielo meridional, puro como el interior de una mano bendecida, brilla con claridad la M, que significa Madres…

Sin embargo, el muerto ha de continuar y, en silencio, la queja más anciana lo lleva hasta la garganta del valle, donde brilla tenue a la luz de la luna: la fuente de la alegría. Con veneración ella la nombra, dice: entre los seres humanos es una corriente caudalosa.

Se detienen a los pies de la montaña. Y entonces ella lo abraza, llorando.

En soledad comienza la ascensión, adentrándose en la montaña de la pena ancestral.

Y ni una sola vez resuena su paso desde el destino callado.

Pero si los interminablemente muertos despertaran en nosotros un símil, mira, quizá nos señalarían los amentos que cuelgan del avellano desnudo, o hablarían de la lluvia que cae sobre tierra oscura en primavera.

Y nosotros, que pensamos en una felicidad *creciente,* sentiríamos la emoción que casi nos aturde cuando algo feliz *cae.*

Índice

AKAL BÁSICA DE BOLSILLO
Títulos publicados

Serie Clásicos de la literatura alemana

Cartas al padre
Franz Kafka

Cuando Kafka escribió esta carta bajo el pretexto de fundamentar ante su padre el miedo que sentía por él, utilizó todas sus argucias de abogado. Sabemos esto ya que él mismo hubo de confesárselo a Milena Jessenska, su segundo gran amor, a quien le permitió la lectura del original, aunque en este se hablase de ella. Esta carta debió haber sido quemada por Max Brod. Al salvarla de la hoguera, este salvó la llave maestra de todos los escritos de Kafka. En ella se basan todas las interpretaciones de lo que el autor denominaba «el revolverse de la mosca en la hoja de papel engomado», es decir, él mismo en su casa paterna.

ISBN: 978-84-7600-062-5
104 pp.

Don Carlos, infante de España
Friedrich Schiller

Durante el reinado de Felipe II, el príncipe Carlos, heredero del mayor imperio de la historia, vive sumido en el desánimo ya que la mujer que ama está casada con otro. Conquistarla no sólo supondría romper los vínculos del matrimonio, sino también contravenir las leyes naturales, ya que ese otro es el mismísimo rey, su padre. *Don Carlos* es una tragedia amorosa en la que se suceden las intrigas con la sublevación de los Países Bajos como telón de fondo. Esta obra, fruto de uno de los mayores talentos del teatro alemán y universal, sirvió de inspiración para la famosa ópera de Verdi de mismo nombre, y constituye un fascinante canto a la amistad, el amor y la libertad humana.

ISBN: 978-84-460-3629-6
224 pp.

El cántaro roto / El terremoto de Chile / La marquesa de O...
Heinrich von Kleist

El mezquino juez Adán recibe en su juzgado un caso singular: averiguar quién ha destrozado un cántaro en el dormitorio de la joven Eva, y el principal sospechoso es su prometido Ruprecht. Sin embargo, el auténtico causante no es otro que el mismo juez Adán. Por su parte, *El terremoto en Chile* narra las desventuras de una pareja de amantes, condenados a muerte por consumar su amor en el jardín de un convento en el que habían internado a la joven para apartarla de su amado. Por último, el lector encontrará la historia de *La marquesa de O...*, que ha quedado en estado sin comprender cómo ha podido suceder acontecimiento tan llamativo.

ISBN: 978-84-460-2404-0
128 pp.

El proceso
Franz Kafka

El proceso narra la historia de un hombre, Joseph K., detenido el día de su 30 cumpleaños bajo una acusación que ignora. Es más, ni sus captores ni su abogado, ni siquiera los jueces que llevan su caso, conocen cuál es la causa. K. se convierte desde ese mismo instante en objeto de una maraña legal y jurídica que nadie parece controlar realmente, pero que todos respetan y a la que todos se someten. Todos excepto K., incapaz de aceptar un sistema carente de toda lógica.

ISBN: 978-84- 460-2406-4
224 pp.

Ensayos
Sobre la historia de la religión y la filosofía en Alemania / La escuela romántica / Espíritus elementales
Heinrich Heine

En 1831, Heine decidió exiliarse a Francia, al sentir que en Alemania el clima se volvía cada vez más asfixiante para él. En París se convirtió en el líder del grupo radical «Joven Alemania» y actuó como puente entre la cultura alemana y francesa. La presente obra reúne tres de los ensayos de contenido conceptual más importantes que escribió en esta etapa: *Sobre la historia de la religión y la filosofía en Alemania, La escuela romántica* y *Espíritus elementales.*

ISBN: 978-84-460-2984-7
368 pp.

Informe para una academia y otros escritos
Franz Kafka

Informe para una academia es el relato que hace de sí mismo Pedro el Rojo, un simio originario de la Costa de Oro que, tras ser capturado por una expedición de caza organizada por el circo Hagenbeck, ha sido llevado a la civilización e instruido hasta convertirse en un hombre. Sus avances son tales, que logra olvidar su vida anterior y alcanzar una correcta educación y un gran éxito como artista, lo cual expone pormenorizadamente a modo de informe ante la Academia de Ciencias.

ISBN: 978-84-460-4174-0
80 pp.

Kudrun
Anónimo

El Kudrun es el segundo gran poema épico narrativo de la Edad media Alemana (tras el cantar de los Nibelungos, con le que se puede comparar) es una especie de «odisea germánica», plagada de aventuras.

ISBN: 978-84-460-0204-8
360 pp.

La condena y otros relatos
Franz Kafka

Los relatos recogidos en esta obra –entre los que sobresale *La condena,* inicio de la madurez estilística de Franz Kafka– reflejan la concepción que el escritor checo tenía del castigo, palpable tanto en su literatura como en su trayectoria vital. Su lectura permite comprender por qué Kafka necesitaba ser personaje de sus escritos: porque su obra no era gratuita, sino una versión escrita, casi a girones, de su propia vida. Además de *La condena,* se incluyen en este volumen las narraciones *Ante la ley, El cazador Gracchus, Un golpe a la puerta del cortijo, Un fraticidio, Abogados* y *En la cocina penal.*

ISBN: 978-84-460-4170-2
96 pp.

La metamorfosis
Franz Kafka

Durante el otoño de 1912, en Praga, escribió Franz Kafka (1883-1924) *La metamorfosis,* la peripecia subterránea y literal de Gregor Samsa, un viajante de comercio que al despertarse una mañana «de un sueño lleno de pesadillas se encontró en su cama convertido en un bicho enorme». En pocos libros de Kafka queda tan explícito y tan nítido su mundo como en *La metamorfosis,* en la que el protagonista, convertido en bestia, sumido en la más absoluta incomunicación, se ve reducido cruelmente a la nada y arrastrado inexorablemente a la muerte.

ISBN: 978-84-460-3075-1
128 pp.

La nave de los necios
Sebastian Brant

La nave de los necios (1494) no sólo es la obra alemana más importante del siglo XV, sino la que dio a conocer esta literatura en Europa. Su éxito fue tan grande que llegó a crear un género nuevo de literatura y a influir en Erasmo y otros grandes escritores. El autor, Sebastian Brant, nos pinta una nave cargada de necios, locos y pecadores a punto de naufragar. Se trata, pues, de toda la sociedad, que ha roto amarras con la Edad Media y no encuentra puerto.

ISBN: 978-84-460-3211-3
432 pp.

Los elixires del diablo
E. T. A. Hoffmann

Ya desde su nacimiento Medardo estaba llamado a expiar los pecados de un linaje criminal. Su inclinación temprana a la vida monástica, su piedad y su despierta inteligencia lo llevan a destacar pronto entre sus hermanos de congregación, pero la aparición de una misteriosa reliquia, un elixir que el mismo demonio le entregó a san Antonio para su perdición, truncará tan virtuosa senda. Medardo se enfrentará entonces con la vida mundana, una vida que en su caso estará plagada de mentira, confusión y muerte.

ISBN: 978-84-460-2405-7
352 pp.

Los padecimientos del joven Werther
Johann Wolfgang von Goethe

El apasionado y sentimental Werther ha encontrado la felicidad en un pequeño pueblo en el que el delicioso paisaje y la gente sencilla que lo habita aportan la calma y la serenidad que precisa su inquieto espíritu. Durante un baile trabará amistad con Lotte, la hija de un corregidor del príncipe, quien desde el primer instante despierta en él una pasión que ni siquiera el compromiso matrimonial de la joven puede apagar.

ISBN: 978-84-460-2403-3
160 pp.

Narrativa (Antología)
Heinrich Heine

Es poco probable que en los últimos dos siglos haya existido un autor en lengua alemana tan influyente como Heinrich Heine: Marx y Engels le citan como un visionario por sus opiniones filosóficas y religiosas; Sigmund Freud y Friedrich Nietzsche acreditan su influencia en sus textos, y Richard Wagner, entre otros, empleó temas heinianos para dos de sus óperas.

ISBN: 978-84-460-2983-0
208 pp.

Nathan el Sabio
Gotthold Ephraim Lessing

En el siglo XIII, durante la tercera cruzada, coinciden en Jerusalén el sultán Saladino, Nathan, un comerciante judío, y un caballero templario. Las penalidades económicas del sultán y una acción heroica del caballero desatan una sucesión de amores e intrigas durante las que se descubrirán misterios ocultos del pasado de los protagonistas. Y todo bajo el interrogante de cuál es la auténtica religión.

ISBN: 978-84- 460-2898-7
160 pp.